书香在线

数字阅读导航

陈 亮 连朝曦 张 婷/编著

海天出版社（中国·深圳）

图书在版编目(CIP)数据

书香在线：数字阅读导航/陈亮，连朝曦，张婷编著.
—深圳：海天出版社，2017.4（2017.11重印）
（书香中国·全民阅读推广丛书/王京生，徐雁主编）
ISBN 978-7-5507-1944-6

Ⅰ.①书… Ⅱ.①陈… ②连… ③张… Ⅲ.①读书活动—
研究—中国 Ⅳ.①G252.17

中国版本图书馆CIP数据核字(2017)第056815号

书香在线：数字阅读导航
SHUXIANG ZAIXIAN:SHUZI YUEDU DAOHANG

出 品 人	聂雄前
出版策划	于志斌
项目负责人	孙 艳
责任编辑	曾韬荔
责任技编	蔡梅琴
封面设计	知行格致

出版发行	海天出版社
地　　址	深圳市彩田南路海天综合大厦 （518033）
网　　址	www.htph.com.cn
订购电话	0755-83460397(批发)　83460293(邮购)
设计制作	深圳市龙墨文化传播有限公司 （电话：0755-83461000）
印　　刷	深圳市华信图文印刷有限公司
开　　本	787mm×1092mm　1/16
印　　张	15.75
字　　数	240千
版　　次	2017年4月第1版
印　　次	2017年11月第2次
定　　价	60.00元

序 言

◎ 王京生

今天，全民阅读活动在中国已渐成声势。这种声势的形成，有专家的倡导，有政府的支持，有舆论的推动，有个别杰出城市的示范和高贵的坚持，但最重要的动力还来源于民间日益高涨的热情，而其背后则是我国传统文化根深蒂固的影响，是国民素质面对世界潮流与挑战的提升。因为览古今中外，无论对于民族、对于城市还是对于个人而言，阅读，都是可持续发展的关键。

具体到个人而言，阅读是可持续发展的关键，是快乐的可持续。

所谓可持续发展，包括许多方面，如环境、能源、食品、卫生等，但最重要的可持续在于人的可持续，在于人类在文明进程中的承续相接与不断创造，而人的可持续最根本还是来源于读书学习。在中国，我们可以找到无数个因为阅读而改变命运的人。每个人的梦想无论如何产生和实现，阅读都是很重要的途径，而且这种可持续不是痛苦的可持续。当你真正把读书看成生活一部分时，你是快乐的。只有通过阅读，才能真正培养人的科学精神和人文精神。

强国自国民始，提升国民自教育始，教育自读书始，热爱读书的民族必将自强于天下。

中华民族文明何以历久不衰并且日益壮大？这与中华民族形成了一种对学习、阅读的推崇有关。《论语》以"学而时习之，不亦说乎"为发轫之辞，绝非偶然。没有一个民族像中华民族这么重视读书，这么刻苦。"忠厚传家久，诗书继世长"，中国人一直把阅读当作和生命一样重要的东西。中华文明源远流长，很重要的原因就是其自强不息的学习精神。几千年来，中华民族传承下来的书籍典藏汗牛充栋，勤学善学精神更是一脉相承。从孔子的"学而不思则罔，思而不学则殆"，到杜甫的"读书破万卷，下笔如有神"；从于谦的"书卷多情似故人，晨昏忧乐每相亲"，到苏轼的"发奋识遍天下字，立志读尽人间书"；从"凿壁借光"到"囊萤映雪"，对书本的热情、对阅读的推崇以及读书之刻苦，从中可见一斑。

非独我国，世界上任何优秀民族无不热爱阅读。以色列人、美国人善于创新，德国产品最经得起考验，日本是最善于接纳外来文化的民族。为什么这些国家和民族都擅长创新？当我们了解到他们的阅读指数，人均读多少本书时，你就知其所以然了。每年犹太人人均读书 64 本，俄罗斯人均读书 55 本，美国人均读书 50 本，日本人均读书 40 本，法国人均读书 20 本，韩国人均读书 11 本，匈牙利每 500 人就有一座图书馆。在创新和发展的背后，是默默无闻的阅读在发挥着根本作用。由世界知识产权组织、康奈尔大学和欧洲工商管理学院共同发布的 2016 全球创新指数中，排名前十的依次是瑞士、瑞典、英国、美国、芬兰、新加坡、爱尔兰、丹麦、荷兰、德国。前十强的排名基本稳定，瑞士连续六年名列第一，并且除了美国和新加坡，其余均为欧洲国家，北欧更是占了三席。国家创新能力和阅读息息相关，欧洲国家年人均读书量约为 16 本，北欧国家达到 24 本。由此可见，国民阅读力决定了国家创新力。

对于城市而言，阅读是城市前行与发展的重要动力。阅读，是涵养城市的创新源泉。

联合国教科文组织代表罗西在谈到深圳的阅读与城市发展时有这样一个观点，"对于一座城市而言，阅读是最有价值的投资之一。阅读之所以是一笔极其宝贵的精神财富，是因为它无法被任何东西所取代，也无法被外界的任何力量夺去，它代表这座城市的气质和心灵，也是这座城市发展的支柱和动力"。深圳近 20 年来坚持推动全民阅读，这是对人文价值的一种高贵坚守。而深圳之所以能够创造经济奇迹和文化奇迹，是因为人们保持着对阅读的巨大渴求、对知识的巨大热情，一座城市积累的丰富知识一定能转换成强大的创造力。

深圳强大的学习能力、创新能力、创意能力、创造能力，都与阅读密切相关，无数大胆的设想和创意都来源于持续阅读与勤学善学。这是一座生机勃勃的城市，但一开始确实很浮躁。近 20 年来，深圳人带着理想、感情、追求和担当，脚踏实地推进全民阅读，以大气压制浮躁，以优雅驱逐粗俗，于无声之中润化心灵，让许多躁动的心因为读书而充满宁馨欢愉，为这座年轻城市注入了沁人心脾的诗书之气，为城市的发展加注了充足后劲，创造了一种高尚的城市文明样式。

阅读，是可持续发展的关键，而全民阅读的可持续发展，需要我们在变化中坚守，在坚守中创新，以精彩创意来持续推动。深圳是"全球全民阅读典范城市"，是全球唯一获联合国教科文组织颁发此殊荣的城市。在全国首创的深圳读书月迄今已举办 17 届，在全民阅读推广中，深圳一直在做那些别人还在想或者别人想做而未做的事。

催生深圳读书月的，是深圳人在阅读上的"先知先觉"。

早在 20 世纪 80 年代，商潮涌动的深圳经济特区就有了浓郁的读书氛围，图书馆总是座无虚席，年轻人都排着长队进去读书。而 1996 年 11 月在深圳举行的第七届全国书市更是创下了短短 10 天书城销售额即高达 2177 万元的全国纪录。当时我在深圳市文化局工作，市民的读书热情和求知渴望，引发了我们的思索——作为政府主管部门，我们应该在市民阅读行为中发挥怎样的作用呢？也许，举办专门的读书活动，正是一条绝佳路径。这时，深圳市图书馆馆长、市政协委员刘楚材的提案上来了——《关于建立"深圳读书节"的提案》，与我们的设想不谋而合。考虑到设立"节"需要人大审批通过，设立"读书周"吧，时间太短，还没热起来就闭幕了，我就建议把"读书节"改为"读书月"。

2000 年 11 月，首届深圳读书月启动。读书月在深圳经济特区的率先诞生，体现了深圳人在阅读上的"先知先觉"，一种高度的文化自觉。从创办读书月那一天起，我们希望，深圳民间蕴藏的巨大读书热情可以通过读书月得到充分释放，市民的阅读权利可以通过读书月得到充分满足，城市的想象力和创造力被读书月持续点燃。

从首届读书月开始，"实现市民文化权利"的观念，进入深圳人的视野。当时，我提出，要保障市民实现基本文化权利，并且在首届读书月闭幕不久，在

《深圳特区报》发表《实现市民的文化权利——对首届读书月的若干思考》，阐述举办读书月的价值宗旨：实现市民的文化权利。2001 年 2 月 28 日，第九届全国人大常委会正式批准中国加入联合国的《经济、社会和文化权利国际公约》，而深圳在 2000 年就对文化权利做出了回应。

阅读权是市民最为基本和最为重要的文化权利之一。从这个意义上讲，深圳读书月的举办，是有效实现市民文化权利的一种途径、载体和方式。"图书馆之城"的建设，充分保障了市民的阅读权利。目前，深圳已有 600 多座各级公共图书馆，建成 200 多台自助图书馆，形成了星罗棋布、互联互通、虚实结合的无边界图书馆网络。随着读书月的开展，深圳市民阅读权利得到了充分实现。与此同时，市民享受文化成果、参与文化活动、进行文化创造等各种权利，都通过阅读得以体现、激发和推动。深圳从阅读出发，不断实现了市民的文化权利。

2010 年"实现市民文化权利"以及读书月理念"让城市因为热爱读书而受人尊重"双双入选"深圳十大观念"。"深圳十大观念"评选活动是由深圳市委宣传部、市网信办策划，网民倡导发起的。当时正值深圳经济特区建立 30 周年，评选活动缘起于深圳新闻网论坛的一篇帖文：《来深十八年，再回忆那些曾令我热血沸腾的口号》。发帖的网友呼吁将 30 年来由深圳土壤孕育产生的口号进行收集、总结，让更多喜欢、热爱深圳的人可以借此总结过去，展望未来。这篇帖文的跟帖和点击量很高，引起了媒体的注意。随后，由深圳报业集团主办的评选活动渐次展开，前后经历了网络征集 200 余条观念、评选出 103 条候选观念、"103进 30""十大观念评选"四个阶段。最后由学术界、文化界、媒体代表、网民代表等组成评委会，结合市民投票权重和专家投票权重，最终评选出十条最具影响力观念。"深圳十大观念"的评选，完全由民间发起、参与，充分尊重和体现了市民意愿，反映了民间呼声与市民追求。"实现市民文化权利"以及"让城市因为热爱读书而受人尊重"双双入选，看似偶然，绝非偶然，而是充分说明了市民的理性判断和集体远见，充分说明了阅读在深圳人心目中的地位。

"实现市民文化权利"从读书月出发，逐渐扩大影响，成为指导深圳文化发展的重要理念。2003 年，深圳在全国率先提出实施"文化立市"战略，而实现市民文化权利是这一战略的核心价值之一，并由此推动深圳驶入文化发展快车道。

观念，是一种力量。在"实现市民文化权利"理念指导下，深圳读书月创意迭出。

2003 年，从第四届读书月开始，政府主办变成政府委托承办制，企业开始成为读书月的承办运作方。2004 年起，深圳出版发行集团（即原深圳市新华书店、深圳发行集团）干脆拿下读书月的总承办权，市委市政府有关部门、社会团体、新闻媒体、企事业等 30 多家单位共同承办。政府每年确定读书月活动主题，具体活动策划及运作全部交由企业完成，企业又与众多社会团体和机构合作，为读书月带来了更专业的服务、更有效率的运作、更充足的资源，使读书月的各项活动更加精彩纷呈、引人入胜。据不完全统计，17 年来，深圳读书月共举办各类读书文化活动 6000 多项，市民参与人数由首届的 170 万人次上升至今年的上千万人次，直接和间接参与总人次达 1.2 亿。

2015 年，在全民阅读中一直先行先试的深圳，再次创造了一个具有标杆意义的"第一"：2015 年 12 月 24 日，《深圳经济特区全民阅读促进条例》获市人大常委会议通过，并于 2016 年 4 月 1 日起实施。这是国内阅读推广领域第一部运用特区立法权制定的法规，将深圳阅读活动"深圳读书月"法定化，并将每年 4 月 23 日世界读书日确定为深圳未成年人读书日。

阅读立法，是保护每个市民的阅读权利。深圳率先实现阅读立法，这个"第一"，是深圳在创造无数个"第一"之后又一个辉煌的表现，是永恒的、与城市共存的传统。阅读立法不是限制市民的阅读权利和阅读行为，而是为权利的实现提供保障和条件，是对每个市民阅读权利和城市阅读活动的法律保障，是为市民阅读提供更多更好的资源、产品和服务，其所明确和规范的是政府在全民阅读活动中的行为。

今日回头看，深圳的阅读立法经历了一个比较漫长的过程。当很多人还不理解阅读立法的意义时，深圳没有受此影响，而是全力推动。早在 2005 年第六届深圳读书月时，深圳读书月独创的"政府倡导、专家指导、社会参与、企业运作、媒体支持"模式已日益成熟。企业、媒体以及创意推动着读书月高效运作，政府慢慢地退后。但政府退后不是政府职能缺位，我就萌生了推动地方阅读立法的想法。有了阅读立法，与阅读有直接关联和间接相关的部门都必须提供政府资源以促进城市阅读，而这种促进是以每个市民的阅读权利为依归的。阅读立法的实质，就是保护每个市民的阅读权利、文化权利。

经过近 20 年的发展，深圳读书月已经成为实现市民文化权利的重要载体，成为中国全民阅读的"深圳奇迹"和"深圳样本"。与此同时，在深圳，越来越多的民间阅读组织破土而出，茁壮成长。短短几年，深圳涌现出 100 多个民间阅读组织，其中，青番茄、深圳读书会、三叶草故事家族、彩虹花公益小书房、后院读书会等在深圳乃至国内都颇有影响。从更广泛的全民阅读来看，深圳应有更广阔的空间，努力推动民间阅读组织获得长足发展，使不同民间阅读组织自由健康成长。

放眼未来，深圳读书月也有望从"企业运作，全民参与"发展成为"阅读组织运作，全民参与"。在未来，越来越多的阅读组织将成为各种读书活动的组织者，而政府则成为全民阅读的"守夜人"。作为"全球全民阅读典范城市"，深圳在全民阅读中的探索还可放眼全球，参与国内外交流，纵览更波澜壮阔的阅读图景，站在更高处看到城市的阅读发展方向，也为中国全民阅读进一步做出贡献。

一日不读书，胸臆无佳想。一月不读书，耳目失精爽。现在，阅读已是国家的战略，全社会的共识，全民阅读渐成星火燎原之势，但依然任重而道远。"书香中国·全民阅读推广丛书"适时将备受人们关注的阅读话题，分解成为家庭阅读指南、校园阅读推广、数字阅读导航、全民阅读导论四个板块，以"书香"为名，依次是《书香传家：家庭阅读指南》《书香满园：校园阅读推广》《书香在线：数字阅读导航》《书香社会：全民阅读导论》，对包括深圳读书月在内的有影响的阅读活动与阅读现象进行研究，理论联系实际地加以阐发、分析。丛书具有重视经典阅读、重视未成年人阅读和面向未来阅读的特点，总结和丰富了阅读学的传统理论和成熟经验，深入阐述了当今阅读实践的新方法和新进展，在全民阅读的理论探索和现实实践方面均有建树，相信会对全民阅读推广工作提供有益的参考和借鉴。

深圳读书月创办以来，很多人问读书和读书月是什么关系，我常以比喻作答："'钱塘八月潮，壮观天下无'，八月的潮水使钱塘江闻名于世。八月潮水，是钱塘江一个壮观的景色，而钱塘江水是无声无息、浩浩荡荡、从古至今地一直流淌，正如我们的读书和读书活动一样。"阅读推广活动是壮观的钱塘潮，民间阅读和私人阅读就是一直流淌的钱塘江水。"书香中国·全民阅读推广丛书"问世，必将使全国读书大潮更加澎湃壮观。

（作者系国务院参事）

第一章

数字时代的阅读

在大街上，在公交车内，在地铁中，我们常常可以看到许多人正在用手机、Pad或者电子阅读器等进行阅读，虽然他们的手中并没有拿着报纸、杂志或是图书。他们阅读的内容也许是手机报、新闻，也许是电子杂志、连载小说，或者是名人博客、微博……

据中国互联网信息中心第 39 次《中国互联网络发展状况统计报告》统计，截至2016 年 12 月，中国网民规模达 7.31 亿，全年共计新增网民 4299 万人；中国手机网民规模达 6.95 亿，较 2015 年年底增加 7550 万人；网民中使用手机上网的人群占比由 2015 年的 90.1% 提升至 95.1%；网页数量为 2360 亿个，年增长 11.2%；搜索引擎用户规模达 6.02 亿，使用率为 82.4%，用户规模较 2015 年年底增长 3600 万，增长率为 6.4%；手机搜索用户数达 5.75 亿，使用率为 82.7%，用户规模较 2015 年年底增长 9720 万，增长率为 20.4%；网络新闻用户规模为 6.14 亿，使用率为 84%，增长率为 8.8%。这些数据说明，人们利用互联网获取信息和搜索资料已经非常普遍。

人类进入了数字化时代，数字阅读已经逐步进入日常生活，改变着我们的阅读习惯。阅读行为是读者和读物的现实统一，当读物发生变化，读者需要去适应并掌握它，以便达到更好的阅读效果。

进入信息时代以后，信息无所不在，信息资源随处可得。互联网把人类的知识、智慧和情感汇聚在一起，网络中有海量的信息资源，而且不断地在产生新的信息资源。每天都有大量的电子文件被创造出来，在互联网的海洋中流动，等待着被发现，被使用，被阅读。

数字阅读承载海量信息，传播范围广，传播时间快，正在改变着人们的阅读方式、学习方式和教育方式。在百度中搜索与数字阅读、网络阅读、电子阅读、移动阅读、在线阅读有关的资料，通过时间限定进行搜索，搜索不到 1999 年以前的记录，与此相关的文章在 2000 年以后才出现，作为新型的阅读方式，数字阅读走进人们的生活已经有 17 年之久。

2014 年，数字阅读类领军企业盛大文学、中文在线、搜狐读书、新浪读书、腾讯读书等 13 家主流阅读网站联合发出倡议：将每年的 10 月 26 日设立为"数字阅读日"，倡导在线"健康阅读""主题阅读""深度阅读""互动阅读"及"正版阅读"。

2016 年 4 月 18 日，中国新闻出版研究院发布"第十三次全国国民阅读调查"。报告数据显示，2015 年我国成年国民图书阅读率为 58.4%，同比上升 0.4%；数字化阅读方式的接触率为 64%，其中数字阅读是亮点，首次明显超过纸质阅读。成年国民网络在线阅读率首次过半，达到 51.3%，同比增长 1.9%；成年国民手机阅读率最高，达到 60%，同比上升高达 8.2%，电子阅读器阅读、Pad 阅读及光盘阅读等都呈增长态势。[①]

---

① 杜羽，刘彬．第十三次全国国民阅读调查结果公布．光明日报，2016 年 4 月 19 日．

第一节 信息、知识与阅读

早在 20 世纪 80 年代，美国未来学家阿尔温·托夫勒就曾对人类社会的未来做出了预测："未来社会的形态是信息爆炸、知识成为财富的信息社会。"[①]

什么是信息？信息是被反映事物属性的再现，任何事物都包含一定的信息。信息不是事物本身，而是通过信号传递的消息，是由事物发出的体现它存在和运动状态的消息、指令、数据等所包含的内容。我们通常说的消息是指包含某种内容和意义的音信，消息是信息的具体反映形式，信息是消息的内核，消息是信息的外壳，信息并不等于消息。正如人们平时听到的"这则消息没有多少信息"，或者说"这则消息有很丰富的信息"。

信息可以理解为"事物的属性、关系和含义表征"。它可以是事物运动状态或存在方式的直接表述，即"自然信息"；也可以用语言、文字、信号等符号的形式间接地表述，即"人工信息"。广义的信息指的是客观世界中各种事物的存在方式和它们的运动状态的反映，是一种存在。狭义的信息指的是反映事物存在和运动差异、能为某种目的带来有用的、可以被理解或被接受的消息和情况等，具有可用性。我们常说的文字、图片、音频、视频等都包含了许多特定的信息，构成了丰富的信息内容。在互联网中，信息的单位是比特，所以也有人称互联网为比特网。

按照信息的内容可分为科学信息、技术信息、经济信息、军事信息、文化信息、旅游信息等。按信息的意义可分为真实信息、虚假信息、垃圾信息等。按信息的存在形式可分为语音信息、图像信息、文字信息、数据信息等。按信息的效果不同可分为有用信息、无用信息、干扰信息等。信息与载体存在不可分割性，

---

① 阿尔温·托夫勒. 未来的震荡. 任小明，译. 成都：四川人民出版社，1985：182.

信息借助载体存在和传递，没有载体的信息是不存在的。信息是可以传递的，信息的占有者不会在传递信息的过程中失去信息。同一信息可以在同一时间内由多人共享使用。信息不管被记载在何种载体上，不管被如何传播，信息的内容不变，各种形态的信息可以互相转换。

知识是人类通过思维重新组合的系统化的信息集合，是人类在认识和改造世界的社会实践中获得的对事物本质的认识。《辞海》解释说：知识是人类认识的成果或结晶，包括经验知识和理论知识；又说知识借助于一定的语言形式，或物化为某种劳动产品的形式，可以交流和传递给下一代，成为人类共同的精神财富。不是所有的信息都是知识，知识是人类对信息进行加工组织以后，积淀下来的系统化的信息，知识是提炼了的信息。信息与知识可能来自书本，也可能来自其他许多不同的来源。在对知识这一定义进行研究时，延伸出"情报"和"文献"两个概念，情报是有使用价值的知识，文献是知识的载体。

情报是人们在一定时间内为一定目的搜集的有使用价值的新知识或新信息，经过筛选、加工为用户所需的新知识或新信息并经过传递的才成为情报。情报经过用户使用可以产生效益，情报以实现其使用价值为目的，情报就是被传递中的有用的知识或信息，情报传递的目的在于利用。情报包含知识或信息，知识和信息是构成情报的原料。知识是情报的本质，传递是情报的表现，效益是情报的结果。

文献是用来记录知识的载体，当知识被记录在载体上就成为文献。《信息与文献：术语》（GB 4894—2009）："文献是记录知识的一切载体。"《国际标准书目著录（总则）》[ISBD（G）]："文献是以任何实体形式出现的，作为标准书目著录的书目文献实体。"国际标准化组织《文献情报术语国际标准》（ISO/DIS 5217）："在存储检索利用或传递记录信息的过程中，可作为一个单元处理的，在载体内、载体上或依附载体而存储有信息或数据的载体。"

文献作为特定的载体，记录或者承载了知识，才具有文献价值，否则只能是普通的物体。在古代，文献一词，几乎等同于典籍。在互联网时代，大量的数字化信息以多种形式存在于网络及各种电子设备中，由计算机、移动终端等电子设备输入和输出文献信息，这些承载了知识的数字化载体就成为数字文献。

任何物质都包含信息，信息是知识的基础，是知识的重要组成部分，知识是提炼了的信息，只有提高、深化、系统的信息才能称作知识；文献是信息、知识的存储载体和重要的传播工具，是信息、知识、情报存储的重要方式。信息、知识的主要部分被包含在文献之中，但是信息和知识也不全是以文献形式记录的。

阅读是指一种从书面语言和其他书面符号中获得意义的社会行为、实践活动和心理过程。阅读是一种基础技能，是一系列的过程和行为构成的总和。[1]阅读是读者阅读文献材料获取信息的过程，是一种复杂的心智活动，是一种获得意义的行为。文字与图画等阅读材料对阅读者应具有潜在意义，阅读者必须具有有意义阅读的倾向。读者在阅读的过程中接收作者所要传达的信息，领会作者所要表达的意旨，通过分析与判断、鉴别与欣赏，从中吸取知识，感受情境，与作者进行跨越时空的信息交流。阅读是一种良好的学习方式，不管时间有多久远、空间有多辽阔，都可以通过阅读让读物中的文字、图片等重现其意义。

在阅读的过程中，读者是阅读主体，读物为阅读客体。读者通过阅读，对作品加以理解并且进行再加工，在理解与体悟的过程中欣赏作品，体会作品的无限想象空间。著名阅读学家曾祥芹先生说过："阅读的审美价值即指读物和阅读活动本身对读者产生的美感陶冶作用。"读者在阅读和欣赏的过程中充分发挥自己的主观能动性，展开创造性的想象，从而达到自己的阅读审美。

爱因斯坦认为："用专业知识教育人是不够的。通过专业教育，他可以成为一种有用的机器，但是不能成为一个和谐发展的人。要使学生对价值有所理解并且产生热烈的感情，那是最基本的。他必须获得对美和道德上的善有鲜明的辨别力。" 通过阅读，学会自己学习。因此，在指导读者阅读时，除了专业知识之外，还要加强人文科学与社会科学的阅读，培养他们鉴别与欣赏的能力，使其上升到更高的审美层次，实现自我修正与完善，提升个人修养，培养高尚情操。

---

① 王余光，徐雁. 中国阅读大辞典. 南京：南京大学出版社，2016.

　　阅读，是读者从文本中取得意义的过程。阅读是为了获得信息，吸收知识，点点滴滴的知识汇聚在一起，经过凝练和升华，最终得到智慧的启迪。面对阅读方式的变革，在继续弘扬传统纸质文献阅读的同时，我们应该把新型的数字阅读纳入阅读文化的视野，展开深入研究。因为，阅读的本质是获取信息与知识并产生意义，无论所承载的载体怎么变化，阅读本身都不会消亡。阅读的过程就是从文字或图像中获得信息或者知识的过程，这些信息或知识不论记录在何种载体上，对于阅读者来说，他们都不过是根据自己的需要选择一种可能获得的文献进行阅读而已。

　　在互联网时代，阅读已经形成书本阅读、手机阅读、电脑阅读、阅读器阅读等多种形式共存的状态。信息就像洪流，滚滚而来，势不可当。涌现的新信息，给人带来新鲜活泼的东西，让人在剧烈变化的社会中感受时代的浪潮。但是人如果沉迷于大量的信息当中，被信息洪流裹挟，就容易陷入随波逐流的境地，失去重心，迷失自我。所以人既要做到不无视信息，在信息的大潮中自由游泳，又要做到获取更多有益的知识，在两者之间做到有机的平衡。

　　民进中央副主席、中国教育学会副会长朱永新多年来一直从国家和民族发展的战略角度来认识阅读，倡导阅读。自 2003 年"两会"开始，朱永新连续 12 年发出呼吁建立"国家阅读节"，提出把全民阅读作为国家战略，建立国家阅读基金，成立国家阅读推广委员会，号召国家领导人带头做阅读模范等关于阅读的建议，走在中国阅读推广的最前列。他认为："人类的历史有很多的精神丰碑，要达到或者超越那些精神高峰，阅读和思考是唯一的途径。""阅读为每一个人的人生打开了一条通道，这条通道的沿途有着无限美丽的风景。""没有阅读就没有个人心灵的成长，没有人的精神的发育。"[①]

　　关于阅读的意义和价值，朱永新提出："一个人的精神发育史就是他的阅读史。一个民族的精神境界取决于这个民族的阅读水平。一个没有阅读的学校永远不可能有真正的教育。一个书香充盈的城市必然是一个美丽的城市。"并且提出

---

① 朱永新 . 我的阅读观 . 北京：中国人民大学出版社，2012：27.

了他的阅读理念："共读共写共同生活。"他认为："阅读意味着改变。通过阅读能够改变我们的一切，改变我们自己，改变我们的学校，改变我们的城市，改变我们的民族。"①

① 朱永新. 我的阅读观. 北京：中国人民大学出版社，2012：25.

第二节　数字阅读的定义

在互联网时代，人们希望通过更方便和更快捷的阅读方式来获取更全面的信息。数字阅读这种全新的阅读方式随着网络逐步深入生活之中，纸质阅读的读者逐渐向数字阅读分流，数字阅读与纸质阅读并驾齐驱，成为大众阅读的重要方式。电子文献与纸本文献，本质上都是阅读对象，都是供读者阅读的读物，只是传播这些文字内容的物质载体不同而已。面对人类阅读史上非常重要的阅读革命，我们需要对此有全面的认识和了解，人们对优质内容的需求，决定了数字阅读的未来。

数字阅读是基于数字环境下的阅读行为，通过计算机或者其他电子阅读终端，如电子书阅读器、平板电脑、个人电脑、智能手机、智能电视等，利用数字技术获取信息和知识，依靠屏幕完成阅读。数字阅读离不开数字化的信息平台，离不开电子阅读工具，所有的资源都是数字化的，阅读的内容都是经过数字化处理的网页文本、博客、新闻、数码照片、电子书、网络小说等。数字阅读通常也被称为电子阅读、网络阅读，从是否联网来讲，又被分为在线阅读和离线阅读。

在线阅读指的是基于网络的阅读行为，包括利用电脑、手机、Pad 等多种方式进行阅读，涵盖了文字、图片、视频等各种阅读形式，集新闻性、娱乐性、学习性等为一体，通过网络和各大平台，人们能够传递信息和接收信息，实现信息的双向流动。在线阅读的主要优点是"泛在阅读"，它可以帮助读者实现无所不在的即时阅读，在任何一个地方进行最新文本内容的阅读，可以随时随地获得互联网中最新的阅读资源。

离线阅读，通常指将网络中的阅读资源下载到某一阅读终端上，断开网络后再进行阅读的一种活动。阅读终端的存储空间，存储了大量的资源，不需要联网，阅读照样可以进行。也有的读者习惯了纸质阅读，将网上的资源打印并装订，然后再进行阅读。此外，如电子书阅读器内置的电子书、许多电子书光盘，都是不需要联网就可以阅读的数字内容，也是离线阅读的范畴。离线阅读，与在线阅读相比，可以大大减少网络流量费用，不需要每次阅读时都加载一次，而且在阅读时一步到位，目标更加明确。

信息时代，信息与知识获取途径多样。每个人都是信息或知识的生产者、传播者。人们进行数字阅读的核心需求，就是简单快捷地获得自己所需要的资源。数字阅读可以不受时间、地域等的限制，只要条件许可，随时随地都可以开始阅读。在阅读内容上，每个人都可以自由地选择阅读深浅不同的丰富的内容。有相同兴趣爱好的读者还可以登录论坛、利用微博等参与讨论和交流。数字阅读资源一方面是传统阅读资源的数字化，另一方面是在网络中不断产生和创造出来的新资源。这两部分资源汇总成为信息资源的海洋。互联网上的信息量巨大，各种各样的信息资源都可以找到。是否存在这样的资源，在哪里可以获得？是否很容易很方便地获取？是否是自己真正需要的？如何对这些资源进行管理与再加工？如何将这些资源与其他人分享？如何从海量的资源中寻找到自己所需要的阅读资源，并有效地收藏它们，订阅它们，组织它们，是值得思考的问题。

现代社会工作节奏加快，人们进行数字阅读时，使用"碎片时间"居多。数字阅读既填补时间空隙，又可以通过阅读获得信息，具有快速获取，需求至上，个性鲜明的特点，人们可以按自己的兴趣和爱好进行阅读。数字阅读的显著特点之一是知识的碎片化、资讯的零碎化。不少人担心碎片化阅读会改变人的思维方式，其实并不会。任何一种知识体系的形成，都有一个过程，只是快和慢的问题。不管其多么碎片化，当信息与知识积累到一定程度的时候，通过人的独立思考，将其贯通起来，可以逐步形成一定的体系。

第三节　纸质阅读与数字阅读

人类文明的发展，离不开知识的传承。人类区别于动物最主要的一点就是把学会的技能以知识的方式绵延不绝地传承下去。最初是通过口耳相传，之后是简单的图画，然后有了文字，文字与图画的结合，使得意义的表达更加丰富。就载体而言，从石头、龟甲、树皮、竹简、丝帛到纸张，首先是能够被用来记录信息，其次是可以得到传播。到了数字时代，信息利用与传播更加方便快捷，信息内容有了更多的展现形式，图片、文字、音频和视频，一切都是那么丰富多彩。

网络中的信息资源包含文本、图形、声音、影像、视频、动画等多媒体文件。传统的信息资源主要以纸质文件呈现，主要记载文字和图片。传统阅读主要是获得知识，读者在进行纸质阅读时，常常先阅读一本书的前言、序、跋、目录，或者浏览一本期刊的栏目设置和具体文章的目录，选择需要的内容进行阅读。数字阅读更多地表现为获得信息。在进行数字阅读时，读者关心的是某一个或某几个关键词，通过全文检索找到相应的内容。

纸质读物的篇章目次、段落分割、页码编排等，有一定的阅读顺序，读者在阅读过程中，以特定的作者作品为中心，按照知识结构的顺序循序渐进，多表现为线性阅读的模式。数字阅读的对象则是通过计算机处理的文本信息，以超文本的形式存在，超文本的非线性、非连续性挣脱了知识层级分类的体系，使从一个知识点跳转到另一个知识点变得非常容易，阅读不再局限于特定的作品，而是转向以读者为中心，由读者自主选择。数字阅读使人们的阅读路径和阅读模式都发生了巨大的改变。如《文渊阁四库全书》电子书建立了大量反映著者和著者、著者和书名、书名和书名之间联系的超级链接，读者在阅读时可根据需要进行查阅；百度百科等网页型的资源则通过扩展链接，指向各种文本资源。

在数字阅读中，通过超文本链接，可以将网页中的文字、图片、音频、视频等各种文件组织起来，形成一个开放的知识单元集合。每一个知识单元都是相对独立的，同时又与其他知识单元通过超链接建立着广泛的联系。只要阅读者有兴趣，就可以通过超链接不断地扩展、延伸，在不同的文本之间迁移，到达连他自己都不大可能想到的知识领域。读者的选择是自由的，可以继续前进，也可以随时返回，不用受到知识结构的约束，是简单地浏览、跳跃，还是停留下来深入地阅读，都由读者决定。

由于数字阅读的信息太丰富，内容太多，让人应接不暇。加之存在许多垃圾信息，鱼龙混杂，信息污染比较严重。因此，有不少人认为数字阅读就是"浅阅读"，会迅速消融一些人的读书情结，逐步取代"深阅读"，并进而影响整个国民的素质。浅阅读是一种浅层次的以简单放松为追求的阅读，求广不求深，可以更加广博地获取知识。数字阅读中的在线浏览具有这样的特点，而且确有许多消息、帖子、网络小说、动漫以及图片等，都属于浏览型的，缺乏深度，可以归入浅阅读之列。但是据此将数字阅读整体认作为"快餐式、跳跃式、碎片化"，全部界定为浅阅读，则是以偏概全，不够全面的。

数字阅读中也有大量可以深入阅读的优质内容，如古代的或近现代的经典名著、名人传记、历史、哲学著作等。即便是原创文学，其内涵也是有深有浅的，如《明朝那些事儿》就不能算浅。互联网上千千万万个网页，就好比是各种不同类型的读物。有的像期刊，有一篇篇优秀的文章；有的像个人文集，写满了个人的文字记录；有的则有大量的纸本书的电子版，仿佛是若干部丛书的汇集。

就阅读本身而言，其深浅程度无关数字与纸本，因为决定阅读层次的深与浅，不在于阅读的形式，而更多地在于所阅读的内容。毕竟传统的纸本阅读也不全是深阅读，纸本读物中的一些报纸、杂志、画报等，有些内容也都只是随意浏览即可，也是一种浅阅读。不同的读者在不同的时候阅读不同的内容，对于此人是浅的，对于彼人却是深的；对于此时是浅的，对于彼时却是深的。

即便是泛泛浏览的"浅阅读"，随着不断的阅读积累，也可以激发阅读者的兴趣，帮助其发现什么才值得深阅读，不断地读下去就可能越来越深入。而深阅读培养的思考习惯，也可以使浅阅读的选择更为精细和准确。正如中国人民大学教授宋建武所言："未来时代的深度阅读需求将完全不同于传统时代的深度阅读。每一个个体在主动搜索的时候，他所看到的海量资讯，也许每一篇、每一条都是一种浅阅读，但是当这些浅阅读汇总到了一定的量的时候，就会在每个个体头脑中形成一个自成体系的深阅读。"[①]

阅读的本质，在于阅读内容，不管是纸质阅读还是数字阅读，都是对内容的阅读。北京大学信息管理系博导王余光教授认为："网络改变了一代人的阅读习惯，这是自然而然的事情。读书的人不一定就高尚，读网者也不一定就堕落。其实，无论阅读哪种媒体，都要面临内容选择的问题。利弊关键在人，而不在工具……对读书的引导应该提倡读什么，而不是通过什么读。"[②]

纸质阅读主要靠购买或借阅，受阅读成本、阅读时间等的局限，获取成本比较高，获取速度比较慢，有的时候，即使有了阅读需求，也不一定能够买得到或者借得到，无法很快进行阅读。数字时代，阅读可以有更多的途径，如果手边没有合意的资源，而网络中却有，那么就可以尽情地在线阅读，或者下载到阅读终端上，以便需要的时候进行阅读。

没有印刷的报刊和没有出版的图书都是不可能被读到的。同样，没有被发布的数字资源也是无法利用的。数字阅读与纸质阅读都是获取知识的重要渠道，都是对内容的获取，只是获取资源的来源与存在形式不同而已，两者之间并非根本对立，相反却可以相得益彰，不能单凭阅读方式断定哪一种是深阅读，哪一种是浅阅读。我们在讨论阅读问题的时候，重要的问题在于有没有阅读，不必过多纠结于什么样的阅读方式。更多地关注阅读内容本身，如何有效地进行深阅读，把阅读真正引向深入，这才是我们要考虑的永恒主题。

因此，经典作品作为一种优质的阅读资源，在数字阅读中受到推崇，经典阅

---

① 新浪传媒.人民大学教授宋建武：深度阅读需求将彻底改变.[2010-08-04] http://news.sina.com.cn/m/2010-08-04/100520823146.shtml.

② 杨鸥.网络，改变的不仅仅是阅读.[2009-06-12] http://book.people.com.cn/GB/69361/9464497.html.

读成为深阅读的代表。

经典是那些优秀的具有永恒价值的文献和作品的统称，是世界上最美的文字，最优秀思想的记录，是经过了历史选择的，经久不衰，具有权威性或者典范性。博尔赫斯在《论经典》中写道："经典是一个民族或几个民族长期以来决定阅读的书籍，是世世代代的人出于不同的理由，以先期的热情和神秘的忠诚阅读的书。"在中国传统文化中，这样的经典著作种类繁多，胡适、梁启超、胡秋原、汪辟疆、蔡尚思、屈万里等著名学者都曾开列过国学书目，为后学者指点读书门径。王余光教授曾经和他的学生一起，通过对中外 80 种推荐书目（中国 54 种，外国 26 种）共同推荐的 2500 余种图书按照被推荐次数进行排序统计，得出了"中国名著排行榜""外国名著排行榜""中国推荐者眼中的外国名著""外国推荐者眼中的外国名著"等四个排行榜单，这些榜单是对原有 80 种推荐书目进行了二次加工，可以说是推荐书目之推荐书目，所以更为公允、准确、客观。

在网络、手机等新媒体环境下，与经典阅读相关的数字资源信息量越来越大，人们的阅读行为变得越来越多元化，利用电脑、手机或电子阅读器等工具，通过获得数字资源来完成阅读的读者越来越多。在互联网上，在手机站点中，在电子阅读器中，有各种各样的经典阅读资源。手机阅读与电脑阅读、手持电子书阅读器阅读一样，都有在线阅读和离线阅读两种方式。网上有不少专为手机阅读而建的网站或频道。不少专业的听书网站也有经典阅读资源，可以在线收听，也可以下载到手机或电子阅读器中收听。

王余光教授认为，阅读经典应当成为每个人教养的一部分。根据他的研究分析，近百余年来，传统经典阅读的基本倾向是：从艰深到浅显，从文言到白话，从原本到节本，从专集到选本，体现了传统经典阅读大众化的发展方向。南京大学信息管理学院徐雁教授也认为，在网络时代要做到"左书右网"，就是要把经典性、人文性纸本印刷型读物与网络阅读和谐协调起来。

台湾的郝明义先生一直保持一种"越界"阅读的习惯和乐趣，在纸质阅读和数字阅读之间来回穿梭。"过去，在没有数字化手段特别是网络之前，就算你知道美国国会图书馆里藏着一本你特别想读的书，你也不知道到底哪天才能到达那里。不过有了网络带来的数字化阅读之后，身体力行的跋涉并不是必需的了，弹指之间你就能到达那里，一按键你就能找到你曾耳闻、心仪已久的书和资料。对于阅读者来说，网络就是你拥有的一辆可以跋山涉水的跑车，这样一种便利是没有人可以抗拒的，也没必要抗拒。"

第四节　阅读终端与数字阅读

数字阅读通过多种电子阅读设备进行阅读获取信息。在阅读体验方面，数字阅读包含音乐、视频、动画，图文并茂，色彩逼真，远超纸质阅读，有的电子书可以如纸本书一样有翻页效果。在互动交流方面，数字阅读使作者与读者之间、读者与读者之间及时交流互动，有助于促进阅读。

数字阅读成本较低，费用低廉，容易获得。由于分发方便，更加灵活，一般的数字版读物都要比纸质版便宜得多。而且网上还有大量的免费阅读资源，内容更丰富，获取更快速、高效，阅读形式更自由，阅读环境更随意，阅读途径更广泛、更方便。

随着阅读终端的普及，阅读内容日益丰富，越来越多的读者利用手机和电子阅读器进行数字阅读，加入读书交流社区与朋友们交流。用户阅读的可能是短暂的信息碎片，也可能是长篇大论，但不管阅读什么，全凭自己的兴趣，用自己能够获得的方式，获取并且阅读想要读的内容。许多图书馆已乐于提供电子版本的书籍借阅；出版商已开始探索电子出版的行业规则；电子书阅读器生产厂家正在不断地推出能够更好地满足用户阅读需求的产品……

数字阅读终端是指带有屏幕显示、能够实现信息处理、存储、传输等功能的电子设备，主要有个人计算机、笔记本电脑、平板电脑（Pad）、电子阅读器（Kindle、汉王等）、手机等。这些数字阅读终端大多具备连接互联网的功能，可以随时随地下载、更新数字资源，既可以显示静态的文字和图片，也可以播放动态的声音和视频，大量的数字资源通过数字阅读终端被实时传播、广泛阅读。

20世纪90年代末，以计算机技术、互联网技术、通信技术为基础，新兴传媒如互联网、数字电视、移动通信、电子书等，得到迅猛发展。信息通过网络等各种媒体进行传播，大量的电子阅读资源汇聚在一起，形成信息的海洋，人们通过阅读获取知识的途径更为广泛，可供阅读的内容更为丰富。对于许多人而言，从纸质阅读到电子阅读，只是一种阅读方式的改变，阅读内容则依然受到他们的重视。

移动阅读基于无线或移动通信网络，不受环境限制，人们通过移动终端可以随时随地阅读数字化信息。移动阅读终端多为掌上阅读工具，阅读起来比较方便，因此在阅读时间的利用方面显得更为有效，适合人们在排队等候或乘坐公交、地铁等零散的碎片时间里进行阅读。在阅读内容上，移动阅读也多以碎片化的方式呈现，以阅读网络新闻、微博、微信等较短的文本信息居多。在阅读的效果方面，如果周围的环境不是太好，对阅读的效果可能会有一些影响。

手机阅读以手机为移动阅读终端，通过移动通信网络访问、接收、下载并在手机上浏览阅读所需信息。手机阅读的内容目前包括手机报、手机杂志、手机图书以及 WAP 网站提供的各种内容。阅读方式有两种，一是在线阅读，二是离线阅读。目前市场上不少手机阅读软件，同时支持两种阅读方式，操作简单，界面清新，比较受读者推崇。

电子书阅读器是一种专门用来阅读电子读物的移动阅读工具，也称为电子书、电纸书、电子阅读器、电子图书阅读器。由于重量轻、容量大、携带方便，成为不少阅读爱好者的读书设备。《电子图书阅读器通用规范（GB/T 18787—2002）》中对电子图书阅读器做了如下定义：电子图书阅读器是指用于阅读规定数据格式的各种电子图书及文档的电子设备，其阅读对象存储于符合本规范所定义的电子图书卡和电子图书存储卡等介质中。电子书阅读器一般具有以下基本功能：信息浏览功能，存储和检索功能，屏幕点击与书写功能，标注、书签和笔记功能，通信功能等。常用的电子书阅读器有 Kindle、翰林电子书、汉王电纸书等。

电子书阅读器是很不错的阅读设备，轻薄易携带，不刺眼，耗电少，有像书一样的阅读体验，而且拥有海量的存储空间，丰富的多媒体应用，能够通过网络随时获取新的资源。2007 年，全球最大的图书销售商亚马逊推出了 Kindle 电子阅读器，这是第一台真正意义上为阅读而设计的数码产品。亚马逊 CEO 贝索斯说："Kindle 就是为享受阅读的人服务的。"Kindle 模仿传统纸质图书的尺寸重量，模仿纸质图书的纸张颜色，采用数字墨水来还原油墨的亮度和浮凸感，屏幕像普通的纸一样，本身不发光而反射环境光，为读者提供了极佳的阅读体验。

Kindle 电子书具有逼真的纸质效果和精湛的制造工艺，建立了"内容 + 硬件"的商业模式，用户每月支付一定的金额就可以阅读来自 Kindle 商店的英文原版书籍，并获得《纽约时报》《华尔街日报》《福布斯》《时代》等报刊的订阅及无线下载服务。大量独立作家、博客写手在其间形成了一个新的创作群体。在全球范围内，亚马逊 Kindle 电子书阅读器已经成为标杆。

汉王电纸书画面清晰锐利，色彩逼真，浏览报纸、杂志效果极佳，是新一代彩色电子书的代表产品。汉王着力打造电子书内容资源平台"汉王书城"，向读者提供了数万种中文图书、报纸等资源，与《京华时报》《新京报》《新民晚报》等国内许多知名报纸杂志进行合作，每日实时更新，真正实现了无纸化阅读，为喜爱阅读报纸杂志的读者提供了便利。

第五节　数字阅读的特点

数字阅读依托互联网技术，利用数字化阅读平台，借助计算机、手机、平板电脑等电子阅读工具来进行阅读，获取包括文字、图片、声音、视频等在内的信息和知识，具有平等、开放、共享、互动、快捷等特征。

作为一种新的阅读方式，数字阅读具有数字资源日益丰富、阅读更加便捷和灵活以及符合当下多数读者的信息需求倾向等特点。数字阅读的内容是集合了形象生动的动画、视频、交互式图表、用户评论等新内容的统一体，为读者提供了全新的阅读体验。而且数字阅读时间灵活，可以随时随地进行，不局限于特定的处所和环境，更加自由随意。

随着科学技术的迅猛发展，知识呈几何级数激增，大量数字信息不断被生产出来，面对看不完的屏幕和网页，处在无法回避的信息洪流中，人们期待以更快的速度获取更多有用的信息。数字阅读需要快速化，在信息社会，既要会精读，也要会快读。《快读指导举隅》一书专门论述了电子书快读，并特设"电子文本快读指导举隅"一章，介绍电脑和影视屏幕快速阅读，旨在适应读物载体的新变化，加强网络超文本快速阅读的能力训练。[①]

网络信息载体容量无限，几乎是"无所不在，无所不包"，给读者展示了一个比纸本书更加广阔的空间。数字阅读为大众阅读的真正普及提供了实现的可能，超文本阅读让人的选择更多，读者从茫然地、被动地等待阅读材料转变为自发地、主动地寻找阅读材料，因而阅读更具个性化。每个阅读者均可以根据自己的阅读理解和阅读需求，点击特定链接，进入下一个阅读路径，寻找自己所需要的信息，获得自己所需要的内容，从而通过自己的理解进行创造性阅读。

---

① 曾祥芹，甘其勋.快读指导举隅.郑州：河南大学出版社，2002.

在数字阅读中，有很多读物的内容是可以快速领会的，快读的重点在信息内容的摄取。对于快读不能很快领会的东西，再停顿下来进行理解与消化，以求与精读互补。阅读时可以通过搜索快速指向特定的词，不再如从前那样需要系统地讲究严格的阅读顺序，可以根据阅读的需要进行随时调整，快速地到达所需要的知识点。以往的学习就是往脑子里不断地增加知识，而在数字阅读中，信息知识更新很快，因此往往要及时清除掉已经没有用了的知识。

由于电子文本与生俱来的特点，使得数字阅读具有跳跃性。从一篇文章链接到另一篇文章，从一个概念跳到另一个概念，从一个知识单元迅速跳转到另一个知识单元，这种阅读模式打乱了学习的顺序，使得阅读更加自由。对于定力比较强的人，也许能够保持阅读的深入，而另一些人则可能由于快速跳转，容易让阅读行为浅尝辄止，体现为碎片式、跳跃式阅读，难以形成系统的阅读，更谈不上深度阅读。

个人电脑、平板电脑、智能手机、电子书阅读器等阅读设备，因其容易携带，使用方便的特点，使得数字阅读非常容易实现。阅读载体与阅读方式的多元化，阅读内容的数字化，使得阅读的途径更加广泛。"在路上的阅读""屏幕阅读""拇指阅读"成为阅读者们别样的风景。每个人都是数字阅读的重要主体，都是持续不断的学习者，自己确定学习目标，选择学习材料、学习方法、学习环境，控制学习进程。

数字阅读主要通过屏幕来进行，具有较好的阅读体验，音乐优美动听，视频与动画色彩逼真，有的电子书如纸本书一样有翻页效果。数字阅读费用低廉，资源容易获得，阅读成本相对较低。网上有大量的免费阅读资源，可以直接下载，也可以在线阅读。一般的数字版读物也比纸质版便宜得多，由于分发方便，阅读更加灵活。数字阅读使得作者与读者之间、读者与读者之间能够及时交流互动，有助于促进阅读。

数字阅读内容更加丰富，这不仅体现在阅读内容的形式方面，在阅读内容的来源方面也更加广泛，互联网中的海量信息都是数字阅读的内容。数字阅读信息量大，形式多样，刷新速度快，资源的新颖性强，能更加方便、快捷、高效地传播。

　　由于数字阅读离不开电子阅读设备，对外部硬件设施要求较高，需要读者掌握一定程度的信息技术。此外，由于网络中有大量内容芜杂的信息，这些庞杂的网络文本容易导致读者注意力分散，变得浮躁，失去认真阅读的耐心，因此需要加以辨别和正确的引导。

第六节 数字阅读的方法

在互联网时代，信息爆炸、知识更新加快，人们需要读的东西越来越多，掌握阅读技巧与方法，提高阅读效率，就显得很有必要。在数字阅读过程中，有不少传统阅读的技巧与方法可资借鉴。掌握好方法，数字阅读将是非常快乐且容易的事情。按照阅读程度的深浅可以分为浏览式阅读法和精研式阅读法，这两种阅读法是任何人在阅读中都绕不过去的。

一、浏览式阅读法

浏览式阅读法的主要方式有浏览、泛读、跳读、速读等，互联网中不是所有的信息都值得仔细阅读的，大多数信息只需要泛泛地过一下，扫视一下就可以了。通过浏览式阅读，对阅读材料的整体内容可以有基本的了解，以便决定是否有进一步精读的必要。在大量占有阅读材料的时候，由于时间关系，不能逐一读下来，快速浏览就显得非常重要了。

浏览对材料的整体内容不求仔细阅读，只求了解大概，阅读的速度较快。浏览一般采取默读方式，用目光扫视。在扫视时，注意力要高度集中。通过浏览篇名（包括书名）、作者、序跋、前言、目录、后记、大小标题、插图、图表、段落的起句和结句、参考文献、索引等内容，对全书的概貌可以有基本的认识，可以了解全书的主要内容，对有特点、有新意的内容也可以特别留意。浏览的目的是为了确定接下来的阅读策略——是全读，还是选读，或者不读——为下一步的阅读做准备，如果发觉其中有值得深读的东西，再作进一步阅读。

由于知识内容太丰富，有的时候为了扩大知识面需要广泛阅读，但是在不能细读的情况下，可采用泛读法。泛读的主要特点是阅读的内容多、速度快，在一般人看来有狼吞虎咽、囫囵吞枣、走马观花的缺点。但是，泛读的根本目的还是在于收获——在短时间内更多地浏览，作为快速了解和掌握知识的方式，能够高效率地博览群书，获取更多的知识。略读则重在粗略，随便翻翻，略观大意，不纠缠细枝末节，直接抓住要点，掌握大意和纲目，对文章的主旨、写作意图加以正确的理解。提纲挈领地把握文章结构，提取内容要点，选择阅读的重点，为进一步阅读打下基础。

跳读也是浏览式阅读的一种。对最重要内容的跳跃性寻求，有意识地抓住关键的地方，略去次要细节，着重扫视开头、结尾，注意标题、特殊字句、专门用语，把引文、推理过程等略过，有的段落根本不看，甚至整页翻过去，只选读"关键"之处，整个阅读过程呈现出不同幅度的跳跃性。如果许多内容已经基本掌握，并且没有新观点新材料，阅读时可以跳过去，只读不了解或者没有掌握的内容。遇到现在不想读的、不需要读的、无关紧要的内容，也可以跳过去，只读现在迫切需要的内容。有时遇到有疑问的、不懂的地方，反复思考仍不得其解，也可以跳开它，绕过去，不被卡壳问题所纠缠，继续阅读，之后将相关内容及各种联系都梳理清楚并理解后，再回过头来会发现问题已经迎刃而解。使用跳读法，抓住重要的部分，跳过不必要的内容，有利于越过无关紧要的细节或不必了解的部分，直接把握主要内容。对内容熟悉、层次分明、重点突出的读物，阅读时跳跃的幅度可以大些；对结构复杂、内容精深的，跳读的幅度则应小些。

速读是要快速地浏览，一目十行，高屋建瓴。速读是一种经过训练可以达到的阅读技巧。通常采用扫描法，要求快速扫视阅读材料，用较短的时间对文章作大体了解。通读阅读材料，得到总体印象，获取大量信息，能够概括文章的主题、大意或观点、材料，然后根据阅读需要进行具体的阅读。这种方法可以加快阅读速度，扩大阅读量。快速阅读的奥妙在于眼睛停一次能抓住较多的字，根据阅读的意图，开展积极思维，集中精力抓住最关键的词句，扫视是否有自己所需要的重要内容，尽快读出意义来。快速阅读可以由少到多进行循序渐进的训练，按行按段扫视读物，逐步加大视读的范围和速度。在阅读的时候，根据自己的需要，快速选择阅读内容，因为不逐行逐字地阅读，有些内容直接一闪而过，放过无关紧要的东西，捕捉主要观点和线索，迅速进入所需要的部分，重点关注某些主要内容。

二、精研式阅读法

精研式阅读法是对读物逐字细读并反复揣摩研究的阅读方法，是通过浏览筛选之后，所进行的深层次的阅读。一些必须掌握的经典书或重要章节需要采用此方法进行阅读。精研式阅读法要求按顺序看清每一个字和每一行字，防止错认和漏认；了解每一个词的含义，以及它在语境中的具体意思；了解每一句话的准确含义，以及句子与句子之间的紧密联系。在此基础上进一步感知段落的基本意义、段落在篇章中的位置、段落的重要作用等。在篇章上进行深入的分析和思考，准确掌握主题、结构，仔细体会、揣摩其思想内容和表达方法。对于整本书而言，要能够吃透全书内容，形成整体概念。著名教育家叶圣陶曾经说过："思想是有一条路的，一句一句、一段一段都是有路的，好文章的作者是绝不乱走的。"

对待重要的内容要反复阅读，不断强化阅读行为，达到对阅读内容理解与熟练的程度，最终达到读熟、读透，相关内容烂熟于心。通过反复阅读抓住其筋骨脉络，弄清主要内容，继而弄清各章节的要点及其内在联系，掌握读物的特点和结构，从而达到对作品的真正理解。熟读可以更好地熟悉读物、体会读物的语言美、领悟读物的内容，有助于提高阅读素养和读写能力，通过重复阅读，强化阅读，提高阅读效果，巩固阅读成果。熟读不是完全地死记硬背，而是主张记忆和理解的统一，在充分理解的基础上透彻地掌握，达到经久不忘。读熟以后，就不会忘记，很容易脱口而出，对文本内容有切身的感受。读者置身于作者的地位，用自己的口代作者讲话，揣摩吟味作品的思想感情，加深读物在大脑中的印象，有利于加强记忆，通过对读物的行文、气势、节奏、神韵和意境等仔细领会，有助于加深理解和体会，达到融会贯通的程度。

精读就是要细读深思，如切如磋，多读，多思考，从部分到整体，由整体到部分，反复研读，领悟精义，读深读透，读得精通。精读是在熟读的基础上更高的一个层次。朱熹在《读书之法》中说："大抵观书，先须熟读，使其言皆若出于吾之口；继以精思，使其意皆若出于吾之心，然后可以有得尔。"精读重在质量，阅读时要精神集中和勤于思考。在阅读中运用探索性思维，循着作者的思路，通过欣赏妙词佳句，体会立意构思，揣摩布局谋篇，对作品的重要细节、关键情节等静心细读，消化读物的基本内容，对书中的主要观点、结论加以理解和掌握，把握读物的艺术特点，体会作者的情感，探究其深层内容，最后达到明白透彻，了然于胸，最终达到汲取知识的精髓的目的，让知识"为我所有"，甚至能够有自己独到的见解。精读法一般用于阅读学术价值比较高的专业资料、名篇佳作、经典作品等。

　　"书有可浅尝者，有可吞食者，少数则须咀嚼消化。换言之，有只需读其部分者，有只需大体涉猎者，少数则须全读，读时须全神贯注，孜孜不倦。"[1]将浏览式阅读法和精研式阅读法有机结合，既达到阅读的广度和速度，也能解决阅读的深度问题，在实际的阅读应用中，采用何种阅读方法应有所选择，有所侧重。根据不同的读物，灵活地运用各种阅读技巧。

---

① 培根.培根随笔.王佐良，译.西安：西安交通大学出版社，2013：147.

第七节　数字阅读的素养

国际阅读素养进步研究项目（Progress in International Reading Literacy Study，简称 PIRLS）2001 年对全球 35 个国家和地区进行了第一轮的阅读素养测评，测试 9—10 岁的儿童（相当于三四年级）是否能够知道如何阅读，并且可以通过阅读来进行学习。他们当时将"阅读素养"定义为："理解和运用社会需要的或个人认为有价值的书面语言形式的能力，能够从各种文章中建构意义，通过阅读来进行学习、参与阅读者群体并进行娱乐。"2006 年 PIRLS 进行第二轮测评工作，共有 47 个国家和地区参加，这次测评对"阅读素养"做了进一步的描述，把"阅读者群体"定义为"学校中和日常生活中的"，突出了学生在学校和日常生活中进行阅读的重要性，强调了阅读活动发生的不同情境。

国际学生评估项目（Program for International Student Assessment，简称 PISA），主要以初三和高一为主的 15 岁学生为调查对象，于 2000 年开始第一次评估，此后每三年举行一次。其中也包括阅读素养的评估。PISA 对阅读素养的定义为："对书面文本的理解、运用、反思和参与，是为了达成个人发展目标，实现知识的增长和潜能的发挥，以及参与社会活动。"PISA 在 2012 年首次引入了计算机辅助的数字阅读测试。该测试针对的是电子媒体文本，在计算机辅助的测试条件下，在动态的数字文本中主动搜索和重新组织信息并用以解决问题。这种测试要求被测试者在网络环境下迅速访问文本、整合文本、评价文本，测试其阅读能力、在网页链接中搜寻和辨析信息的能力以及综合信息和文本加工的能力等。测试结果显示，上海学生的整体阅读水平较高，但是缺乏对多重文本相关信息的综合能力以及对基于计算机辅助的测试情境的适应能力，数字化阅读能力总体偏低。

数字阅读素养，就是在数字阅读环境下搜寻与获取信息的基本素质和基本能力。人们进行数字阅读的主要目的，通常表现在两个方面，一是为获得和使用信息，一是为阅读与思考的快乐体验。网上信息浩如烟海，如何才能在这浩瀚的信息海洋中快捷、准确地找出所需的阅读资源已成为一个突出的问题。如果没有良好的数字阅读素养，没有掌握如何在互联网上搜索学习资源的能力，要想获取自己所需要的信息，无异于大海捞针，只能在信息的海洋里忍受"信息饥渴"。

数字阅读充满了个性，每个人的数字阅读都是不一样的。有的人喜欢纯文字的，有的人喜欢声色俱全的；有的人喜欢静静地欣赏，有的人喜欢一边阅读一边和人交流和讨论。不管是什么样的数字阅读，都应该具有基本的数字阅读素养。阅读者要能够明确数字阅读需求，知道自己需要阅读什么；掌握数字阅读知识，知道哪里可能会有所需要的数字阅读资源，学会检索并获得这些资源；能够分析和评判数字阅读的相关信息；有效地利用数字阅读资源并创造新的内容。

1. 明确数字阅读需求，知道自己需要什么。有明确的意识，有一定的敏感度，能够判断、确定何时有数字阅读的需求，形成基于需求的问题，知道自己需要什么样的资源，能决定数字阅读所需要的资源种类、程度、性质和范围，定义和描述资源需求，并有效把握需求。

2. 掌握数字阅读知识，搜寻与获取数字阅读资源。根据学习目标，明确检索目的。确定潜在的信息源，知道哪里可能会有，构思有效的检索策略，制定成功的检索方案。在检索文献之前，要进行分析和研究，掌握有关的知识，弄清所需要的资料范围和要求，确定通过学科、主题、时间范围、人物、史实、字词等检索标识，有效地运用最佳的检索工具或检索系统，选择最适合的方法来查找并获取所需要的信息，可以找到多种类型和格式的信息来源。

3. 分析和评判数字阅读的相关信息。能结合自己的知识背景准确地评价信息。从收集到的信息中总结要点，运用一定的标准来评估信息和它的出处，通过阅读、讨论等方法进行归纳、分类、鉴别和综合概括，进行信息分析与选择，评估所需信息的性质和范围以及它的出处，挑选适当的信息，排除不需要的信息。

4. 有效地利用数字阅读资源并创造新的内容。能有效地利用信息，进行信息管理与组织，将信息变为知识。运用接受的信息解决问题，让信息发挥效用。进行信息交流与协作，实现信息共享。能组织信息并运用信息，融合原有知识与新的信息，在批判性思考和问题解决的过程中使用信息。能准确地概述、综合、改造和表述信息，生成并创造新的信息。

5. 遵守数字阅读的道德规范。善于管理信息并合理引用，懂得有关信息的经济、法律和社会问题，并能在获取和使用信息中遵守公德和法律。甄别、抵御和消除垃圾信息及有害信息的干扰和侵蚀。提高信息道德，避免"知识产权的侵犯"、对"个人隐私权的侵犯"以及产生"网络上的人为恶习"。

数字阅读素养是信息时代每一个公民必备的素养。每个人的数字阅读素养层次不同，主要体现在三个层面：知识层面、意识层面、技能层面。数字阅读素养可以通过个人学习和接受教育来获得和提高，掌握数字化阅读的基本知识和基本技能，运用各种新媒体和阅读工具，通过合法途径，快速高效地获取、辨别、分析、利用与开发数字阅读资源。

第二章

数字资源搜索与获取

随着互联网、移动互联网的飞速发展，从文本到多媒体声音、图像和视频，数字资源的数量呈几何指数级增长，各种网页、媒体库、资源库等也应运而生，数以亿计的网页信息、素材资源库以及种类繁多的各类数据库系统和特色网站因存在大量重复数据，给用户查找特定类型的资源带来了极大不便。虽然，目前互联网的搜索引擎技术已经相对成熟，且品种丰富，但如果采用通用的互联网搜索引擎去搜索专门的门户网站或者特定范围内的网页，一是检索效率不高，二是使用极为不便。因此，搜索引擎在搜索这类网页上就会显得力不从心。此外，诸如图片、音频、视频等特定类型的资源网站，都有其专门的检索入口和搜索方法。本章将从网页资源、文档资源、图片资源、音频资源以及视频资源的角度分别介绍各类资源的搜索与获取方法。

第一节　网页资源搜索概说

随着互联网的飞速发展，海量的信息资源不断增长，互联网已经成为人类前所未有的知识大宝库，如何快速准确地找到自己所需要的阅读资料、打开网络信息资源宝库的大门，利用好综合搜索引擎是重要的途径之一。谈到搜索引擎，有的人会说，这个谁不会啊，不就是从谷歌、百度等里面找一个来搜搜嘛，在搜索窗口打上几个字，来个"回车"，就可以出来一大堆结果。看起来是这样的，实际上搜索不仅仅是这么简单，搜索也是有方法的。

一、什么是搜索引擎

搜索引擎是在互联网上执行信息搜索的专门站点，以一定的策略在互联网中搜集、发现信息，对信息进行理解、提取、组织和处理，并提供检索服务。在搜索框中输入一个特定的搜索词，搜索引擎就会自动进入索引清单，将所有与搜索词或搜索表达式相匹配的内容找出来，并显示符合这些搜索要求的内容清单。常用的搜索引擎有谷歌、百度、搜狗、360 搜索、有道、中国搜索、中搜等，这些搜索引擎都可以搜索各方面的信息，属于综合搜索引擎。不同的搜索引擎由于收录网页数量不同、算法不同，含有的信息量是不同的，所以用不同的搜索引擎搜到的结果也不尽相同。

搜索引擎的工作原理分为三步：1. 从互联网上抓取网页。利用 Spider 系统程序从互联网上自动收集网页，并沿着网页中的 URL 爬到其他网页，把爬过的所有网页收集起来。2. 建立索引数据库。由分析索引系统程序对收集回来的网页进行分析，提取相关网页信息，根据一定的算法进行计算，得到网页中关键词的相关度，并将相关信息建立网页数据库。3. 搜索排序。当用户输入关键词搜索后，由搜索系统程序从网页索引数据库中找到符合该关键词的所有相关网页。按照现成的相关度数值排序，相关度越高，排名越靠前，由页面生成系统将搜索结果予以显示。

搜索引擎的优点是信息量大、更新及时、无须人工干预。缺点是有时返馈信息过多。对于一个查询，一般的搜索引擎在自动搜索中通常列出的信息就有几万条，甚至几十万、几百万条，经常搜到很多不需要的东西。用户在搜索引擎上进行信息查询时，并不十分关注返馈结果的多少，而是看结果是否和自己的需求吻合，有时不得不在结果中再进行筛选。出现查询结果过多现象的原因，主要是由于用户在检索时使用的检索词太简单，没有在检索语句中表达检索的真正意图，不知道如何精准地查自己想要的且过滤掉不需要的东西。学会了搜索方法，就可以解决这些问题了。

二、搜索的技巧与方法

搜索引擎一般提供关键词检索，检索接口除了关键词检索的基本功能外，还支持多种复杂的高级检索功能，如多个字符串组合检索、语法表达式检索等。很多的搜索技巧与检索表达式在搜索引擎中都是通用的，比如"site、filetype"等。网络的知识海洋如此浩瀚，只要掌握了技巧，就可以自由地在网海中泛舟。了解有关搜索引擎的使用方法，掌握特定搜索技巧，能够极大地提高搜索效率，快速地找到所需的信息，达到事半功倍、提高学习工作效率的效果。

使用搜索引擎搜索网页时，要注意分析需要搜索的内容，选择合适的关键词，关键词的概念要明确，要选定与主题内容密切相关的词，尽量使用具体的名称作为关键词，如果搜索结果不理想，再使用表示范围的词。使用的关键词越完整，查询的条件也就越具体，找到的信息也就越准确。根据检索需要，可以使用多个关键词进行组合，有效地缩小检索范围。检索时要注意选用同义词，即同样的内容可以用不同的词来表达，或者不同的词具有一些相同的属性，比如"绘本阅读""图画书阅读"；当使用某个关键词搜索不到很多的结果时，可以使用其上位词，以扩展搜索范围，如"小学生阅读""学生阅读"。同理，如果使用某个关键词搜索的结果很多时，则可以使用其下位词，以缩小搜索范围。

　　一般搜索引擎均默认空格表示"和"的关系，如果两个关键词间不加空格直接搜索的话，就会对所有的关键词同时进行搜索，如"手机阅读"。如果只要关键词中的任意一个，可以使用"OR"连接符，如"阅读 OR 读书"。此外，在检索框中输入的检索关键词上打上双引号（有的需要是英文的双引号），可以更精准地找到所需要的内容，如搜索"图画书阅读"，加了双引号，搜索结果是关于完整的"图画书阅读"5 个字的结果，不拆分；不加双引号，则搜索结果中会对此词自动拆分，既有关于"图画"，也有关于"图画书"，也有关于"阅读"的。因此，限定不让拆分，常常可以搜索到很满意的结果。如搜索"由绘本爱上阅读"，不拆分，就很精准。有时可以把多个关键词用空格分隔，并分别加上引号进行搜索，如"儿童阅读""绘本阅读"，表示搜索两个不拆分的词，结果也是很让人满意的。

　　除了这些搜索技巧外，谷歌和百度等搜索引擎中还有许多语法表达式，方便我们限定搜索结果。一般网页标题都是一篇文章的概括，intitle 可以把搜索范围限定在网页标题中。"intitle：关键词 A　关键词 B"要求搜索关键词 A 的内容包含在网页标题中，关键词 B 的内容可以在网页的任意位置；如"intitle：绘本　阅读"要求"绘本"必须在网页的标题中，"阅读"可以在网页的任何位置。"allintitle：关键词 A　关键词 B"要求搜索的所有关键词内容都包含在网页标题中，如"allintitle：绘本　阅读"要求"绘本"和"阅读"都必须包含在网页的标题中。"inurl：关键词"用于搜索网络 URL 地址中包含该关键词的内容，可搜索多个关键词，但第一个关键词必须要包含在 URL 地址中，后面的关键词则出现在 URL 中或者网页文档中都可以。如"inurl：download"可以搜索网络地址中包含"download"这个词的内容。"site：域名"可以限制搜索的范围，在特定的域名中进行搜索。site 后的冒号为英文字符，不能有空格，网站域名不能有"http：//"前缀，也不能有任何"/"的目录后缀。如"site：edu.cn"即限制在教育网中进行搜索。

filetype 也是常用的语法，通过这个语法，不仅能搜索一般的网页，还能对某些二进制文件进行检索。目前，大多数的搜索引擎都支持这个语法，但不同的搜索引擎在搜索文件类型上有些许差别。"filetype：文件类型　关键词"这个语法是限定搜索包含某关键词的特定文件类型。使用 filetype：doc、filetype：ppt、filetype：xls、filetype：pdf、filetype：swf 等分类搜索可以根据自己的需要，轻松地找出 Word、PowerPoint、Excel 等不同的文件类型。对于寻找指定的文件下载非常好用，大大节省了搜索的时间。如"散文阅读 filetype：doc"是要搜索与"散文阅读"有关的 Word 文档，"诗词欣赏 filetype：ppt"是要搜索与"诗词欣赏"有关的 ppt 文件。还可以用 filetype：doc OR filetype：ppt 的表达式搜索多种文件类型。如"绘本阅读 filetype：doc OR filetype：ppt"。

语法表达式经常可以组合使用。如"intitle：散文阅读 filetype：doc OR filetype：ppt site：edu.cn inurl：wenhua"，根据检索结果的满意度，不断调整检索关键词和语法表达式，直到搜索的结果满意为止。只要这个资源是存在的，并且是可检索的，通过不断地调整检索策略，一定可以检索得到。这些语法表达式有部分在其他搜索引擎中的用法类同，但是也有的表达式在其他搜索引擎中并不适用，这需要我们在搜索的实践中通过比较予以掌握。如 site 在每一个搜索引擎中都是适用的，而 filetype 在百度、搜狗、有道中都可以用，在必应中就不可以用。"intitle：阅读"的用法在有道中不适用。中搜则 title 和 intitle 都不认。每个搜索引擎的语法特点都需要在实际检索的过程中仔细体会，在每个搜索引擎的主界面，有的能看到高级搜索的按钮，有的有"更多"的链接，利用高级检索，有助于体会这些搜索语法，这些语法在平时的操作中使用熟练后，可以进行更快、更准、更专业的搜索。有的时候，时效性对于搜索者也是很有意义的，因此，对于搜索引擎的时间调整方面也很重要，在实际检索的时候需要仔细体会。

三、集成搜索与比较搜索

集成搜索引擎是通过网络技术，在一个网页上链接很多个独立搜索引擎，在查询时，一次输入，可以将查询请求同时发送给多个搜索引擎，搜索结果在一个主页面以不同的分页面显示。也有的通过聚合多个独立搜索引擎的搜索结果，将返馈的结果进行排除重复、重新排序处理后，以统一的格式在同一界面集中显示，作为自己的结果返馈给用户，用户所得到的搜索结果将更为全面。

JQ 超级集成搜索（www.jqonline.com）在搜索框中输入关键词，选择要搜索的类别，如网页、知识、购物、图片、音乐、影视、地图、天气、交通等，进入搜索页面在搜索栏下方集成的搜索引擎，可以任意点击切换，方便快捷。众果搜（www.zhongguosou.com）整合多个综合搜索引擎，在检索框中输入要搜索的内容，单击单选按钮选择一个搜索引擎，再单击搜索按钮，开始搜索。

比较搜索引擎是在一个页面上显示不同搜索引擎的搜索结果，在检索框输入一个关键词，就可以分别从不同的搜索引擎中得到不同的搜索结果，并且在同一个浏览器页面里采取分页显示的办法。百狗搜（www.baigle.com）搜索信息来自所有著名中文搜索引擎，分栏对比显示。输入关键词，点击百狗搜索，进入搜索界面，可以切换多个搜索引擎的搜索结果比较，有的则跳出新的搜索页面。

百度、谷歌等综合搜索引擎的信息量大，几乎可以帮我们找到任何需要的信息。但信息量大的另一方面会导致搜索引擎无法更快更准确地查询到所需要的信息。由于综合搜索引擎的信息量大、查询不准确、深度不够等，人们对搜索引擎的检索使用产生了新的需求，希望能够通过对某一特定领域进行专门的搜索，于是就出现了专业搜索引擎。专业搜索引擎是专门用于检索某特定专业领域信息的搜索引擎，是搜索引擎的细分和延伸，是对网页库中的某类专门的信息进行整合的结果，是目前搜索引擎发展的一大方向。

专业搜索引擎的特点就是"专、精、深"，与综合搜索引擎的海量信息相比，专业搜索引擎显得更加专注、具体和深入，可以帮助用户更快更精确地找到特定的资源。为了满足用户的需要，各大综合搜索引擎都推出了具有专业搜索功能的专业搜索引擎，如图片搜索、MP3 搜索、博客搜索、地图搜索等。还有不少独立的专业搜索引擎，也各具特色。

当今社会，搜索引擎已经成为我们从网络获取知识的主要通道，专门面向文档资料的搜索网站让我们能更轻易地找到我们所需的论文、报告、申请书等参考资料。可以说，共享资料网站的出现，正是基于人们对信息交流、知识共享的最原始的渴望。因此专门的文档搜索网站和共享资料网站是文档资源搜索的重要途径。

一、文档搜索网站

百度文档搜索（file.baidu.com）

很多有价值的资料，在互联网上并非是普通的网页，而是以文档的形式存在。使用百度搜索引擎搜索这类文档时，很简单，在普通的查询词后面，加一个"filetype："文档类型限定。"filetype："后可以跟以下文件格式：doc、xls、ppt、pdf、rtf、all。其中，all 表示搜索所有这些文件类型。例如，查找小学语文教案方面的 Word 格式的文档，只需在检索框输入"小学语文教案 filetype：

doc",点击"百度一下",进入结果界面,然后,点击结果标题,直接下载该文档,也可以点击标题后的"HTML 版"快速查看该文档的网页格式内容。

也可以进入百度文档搜索界面,直接使用专业文档搜索功能。百度文档搜索支持对 doc、xls、ppt、pdf、rtf 文件格式的搜索,若想查找所有类型的文档,只需选择"所有文档"选项。仍拿小学语文教案作为例子,若想查找相关的所有文档,只需在检索框输入"小学语文教案",选择"所有文档"选项,点击"百度一下"就可获取所需文档。

搜狗文档搜索(www.sogou.com/wendang)

搜狗文档搜索是针对文档类结果的垂直搜索引擎,收录了优质的文档类站点,直观显示下载所需积分和热度。搜狗文档搜索提供文档类型的筛选,可以高效率地找到所需的文档。搜狗文档搜索支持 doc、pdf、ppt、xls、rtf 等多种格式文档,进入高级搜索界面使用,有快照功能及预览功能。

在资源搜索和语法上,搜狗文档搜索与百度文档搜索使用方法基本一致。但搜狗文档搜索页面并没有针对文献类型的选择,反而将文献类型选择放在搜索结果上,这样可以针对性地减少搜索结果,提高检索效率。举例来说,若要查找"数字阅读资源"相关的文档,只需在检索框输入"数字阅读资源"搜索,默认选择全部文件选项,若只需单一类型的某类文档,只需移动鼠标选择对应类型的文档即可。

读秀文档搜索（www.duxiu.com）

读秀学术搜索是一个由海量全文数据及元数据组成的超大型数据库。它能够为读者提供 260 万种图书、6 亿页全文资料、5000 万条期刊元数据、2000 万条报纸元数据、100 万个人物简介、1000 万个词条解释等一系列海量学术资源的检索及使用。同时，通过读秀学术搜索，还能一站式检索馆藏纸质图书、电子图书、期刊等各种异构资源，几乎囊括了图书馆内的所有信息资源。

提起读秀学术搜索，许多人脑海中浮现的几乎都是上面那段文字介绍的内容，读秀的确在学术资源方面有其不可比拟的优越性，然而读秀有一个特色的文档搜索频道却鲜为人知。读秀文档搜索来源于其使用者，由于使用读秀搜索的用户都具有一定的学术素养，其文档的质量也很高，因此读秀的文档搜索也是文档资源搜索的一个重要途径。

读秀的文档搜索与百度和搜狗类似，支持对所有文档类型的文档搜索，其检索方法也与百度和搜狗类似。例如搜索"书香中国"相关的全部格式的文档，只需要在检索框输入"书香中国"，文档格式选择全部格式，点击搜索，与书香中国相关的所有格式的文档就跃入眼帘了。读秀不仅支持对文档格式的限定检索，还可将检索词限定在文档全部内容、标题或是文摘中，同时读秀文档搜索还提供对不同类型文档的数量统计。

二、共享资料网站

要说网络带给人们的最大好处，恐怕莫过于"共享"，与我们日常生活息息相关的 Internet 就是典型的共享资源网。目前，我国的文档分享领域呈三足鼎立的格局，三大巨头网站分别是百度文库、豆丁网和道客巴巴。

百度文库（wenku.baidu.com）

百度文库是供网友在线分享文档的开放平台，平台中所累积的文档，均来自热心用户上传，百度自身不编辑或修改用户上传的文档内容。

用户只需注册一个百度账号，登录后，就可以通过上传文档，获得百度文库平台的虚拟积分奖励，即财富值。下载文档也需要登录，免费文档在登录后可以下载。对于上传者已"标价"了的文档，用户在下载时就需要付出相应的虚拟积分财富。在上传与下载的过程中，用户还会获得相应的经验值，以提升自己在百度文库中的等级。

在百度文库，用户可以在线阅读和下载涉及课件、习题、考试题库、论文报告、专业资料、各类公文模板、法律文件、文学小说等多个领域的资料。当前平台支持主流的 doc、ppt、xls、pdf、txt 等多种文件格式，并采用 flash 技术提供预览。借助与百度本身搜索功能的结合，用户获取文档的过程更方便、快捷、有效。

百度文库从资源的品质上划分为教育文库和精品文库两个大类，其文档按照类别属性划分，又分为教育频道、专业资料、实用文档、资格考试和生活休闲五个大类，每个大类下面又划分为若干个小类，可根据需求进行逐层查找。百度文库的教育文库又根据教育的层级以及教育的素材划分为家庭与幼儿教育、小学教育、初中教育、高中教育、教学研究、教师工作、作文库、试题库八个方面，以初中教育为例，又按学科类别进行了细分，再细分下去，还有人教版、苏教版、鲁教版、北师大版等，可以通过分类层级查找，也可以通过关键词搜索查找。

百度文库的精品文库是汇聚了权威优质的专业资料、科学文献组成的优质文档库，文档来自专业机构贡献的权威文献，包括维普、中国学术期刊网、龙源期刊网等 3025 家专业机构，其内容也涵括各种资格考试、各种高等教育学科、人文社科、工程科技、生活休闲等多方面、全方位的专业文献。此外文库提供了对文档标题、说明、文档内容的全文检索，用户可以利用搜索功能，查找自己需要的文档。如果你需要特定格式的文档（doc、pdf、ppt、xls、txt），可以先按照文档的类型进行选择，再点击搜索。

百度文库的文档阅读页面中，显示文档内容的部分就是文档阅读器。百度文库一直对文档阅读器进行着持续的优化，以便为各位文友提供更加贴心的阅读体验。

豆丁网（www.docin.com）

"豆丁"是一个优秀的 C2C 文档销售与分享社区，允许用户上传包括 pdf、doc、ppt、txt 在内的数十种格式的文档文件，并采用数字内容版权加密保护技术，对文件进行封装，以 Flash 的形式在网页中直接展示给用户预览，并提供下载服务。

与百度和新浪不同的是，在"豆丁"中使用的豆元，是按人民币一比一充值换取的，而不是采用虚拟的积分。这就意味着，在"豆丁"中下载文档是货真价实地在付费，而用户也可通过分享优质的文档获取一定的报酬，当然价格还是用户自己拟定的。这就对"豆丁"中的文档产生了一种自然而然的激励作用，文档质量获得了一定的保障。

"豆丁"是一个文档发布与销售平台，面向世界范围提供便捷、安全、专业、有效的文档营销服务，包括中国、日本、韩国、北美、欧洲等在内的豆丁全球分站。

豆丁网拥有超过 4 亿份的分类广泛的实用文档、众多出版物、行业研究报告，以及数千位行业名人贡献的专业文件，其特色产品"豆丁书房"实现了跨终端阅读，用户可以在 PC、手机、Pad 等终端设备上随时随地对文档进行管理。读者可随意摆放喜欢的图书和资料，按自己喜欢的方式布置，建立一个个性化的私人空间，满足工作、生活、娱乐各方面的阅读需求。界面设计简洁，操作简单，可实现多终端的自动同步，多格式阅读文档图文显示。

在豆丁网每个页面的最上方都有一个文档搜索框，输入跟文档相关的关键字，并点击后面的搜索按钮，系统就会将所有和该关键字相关的文档，按照关键字的匹配程度展示在结果页面中，提供按文档类型筛选及按相关度、最多阅读和最新上传的排序。若想获取其中一篇文档，只需点击相关文档标题，进入链接页面，点击下载文档，即可通过支付相关费用，获取所需文档。

道客巴巴（www.doc88.com）

道客巴巴是一个电子文档的在线分享平台，用户在道客巴巴平台上不但可以上传学术论文、考试资料、研究报告、行业标准、课后答案、教学课件、工作总结、法律文献、作文等电子文档，进行自由交换文档，还可以分享最新的行业资讯。

道客巴巴制定了严格的文档审核策略，以保证文档来源的合法性，对有可能引起知识产权纠纷的文档，网站不予收录。同时，道客巴巴采用了行业领先的文档加密及保护技术，最大程度上保证用户上传的文档的版权不被非法侵犯。在网站页面的搜索条内输入关键词，点击"搜索"按钮，系统会显示相应的搜索结果。

例如搜索"影视欣赏"，点击搜索，得到所需结果列表，点击其中某个文档的链接，系统会打开文档详细页面，这也是系统唯一能够显示文档内容的页面，点击文档上侧"所需积分"旁边的下箭头，可以显示文档格式、浏览次数、上传日期、下载积分等信息，还支持下载、举报、评论等操作。

第三节　图片资源搜索

图片搜索从类别上分，主要有两大类别，一是图片搜索引擎类，二是图片素材网站。图片搜索引擎主要有百度图片、必应图片、搜搜图片、谷歌图片等；图片素材网站主要有昵图网、素材公社、千图网等。

一、图片搜索引擎

百度图片（image.baidu.com）

百度图片搜索引擎是世界上最大的中文图片搜索引擎，百度从数十亿中文网页中提取各类图片，建立了世界第一的中文图片库。

百度图片搜索首页默认有 10 个热门主题的图片选项，其对不同主题图片的搜索都有一定的技巧。

百度图片搜索支持图片格式为 jpeg、gif、png、bmp 的图片。在搜索时，可以选择搜索全部图片，也可以选择仅搜索某一格式的图片。百度图片搜索支持多关键词搜索，可以同时输入多个关键词搜索，以获得更准确的结果。如可以输入"黄河瀑布"搜索有关黄河上瀑布的相关图片。需要指出的是，输入"黄河瀑布"并不能保证搜索到百度内所有黄河瀑布的图片，如果直接用"黄河"或"瀑布"或可能搜索到更多相关图片。

百度图片搜索还有一个以图识图的功能，即百度识图，点击搜索框右边的照相机按钮，即可进入识图页面。可以通过上传图片、粘贴图片网址等方式寻找目标图片的高清大图、相似美图；通过猜词了解和认知图片内容以搜索出更多符合需求的目标内容。

必应图片（cn.bing.com/image/）

必应图片搜索一直是用户使用率最高的垂直搜索产品之一。垂直搜索也被称为分类搜索，垂直搜索的特点是"专、精、深"，且具有行业色彩。垂直搜索引擎和普通的网页搜索引擎的最大区别是对网页信息进行了结构化信息抽取，垂直搜索引擎的应用方向很多，如房产搜索、人才搜索、地图搜索、MP3 搜索、图片搜索等。

为了帮助用户找到最适合的精美图片，必应率先实现了中文输入全球搜图。用户不需要用英文进行搜索，只需输入中文，必应将自动为用户匹配英文，帮助用户发现来自全球的合适图片。必应首页风格与百度有许多共同点，均有主题图片推荐。

搜索结果页面，缩略图大小较百度要小一些。鼠标悬浮在图片上会显示跟踪鼠标轨迹的名片式小窗口，显示图片相关文字信息。点击图片缩略图弹出遮罩式的窗口显示大图和相关图片，不会进入新窗口，不支持鼠标滚轮切换图片。

必应支持尺寸、颜色、类型、版式、人物、日期的限定搜索，如搜索"图书馆图片"，可以根据需求比如尺寸、类型等进行检索结果的过滤。

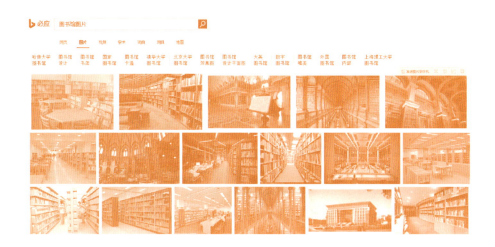

搜狗图片（pic.sogou.com）

搜狗图片搜索是目前国内常用的图片搜索引擎之一，它的图片数据量大，品质好；图片数据分析、提取能力强，体现在准确的套图识别、图片色调提取、图片脸部识别等功能；具有强大的死链和盗链识别能力，能对图片的死链、盗链进行识别和及时删除。此外，还有智能化的搜索服务、丰富的分类目录和稳定的服务等特征。搜狗图片搜索不断细化用户查询意图和对应的排序策略，以保证查询结果的相关性和满足不同查询需求的用户。

同样，与百度的百度识图、必应的以图搜图类似，搜狗图片有一个搜狗识图功能。点击搜索输入框内的照相机，即可进入搜狗识图。此外，搜狗图片还支持对查询结果进行尺寸（大、中、小）、类型（套图、闪图、头像、壁纸）、颜色以及在指定网站内的搜索。

FindIcons（findicons.com）

FindIcons 是一个免费图标搜索引擎，拥有全世界最大的图标库，先进的搜索过滤和匹配算法让用户能够轻松找到每个设计任务中需要的图标，例如搜寻特定尺寸、颜色、类型、授权方式等。FindIcons 完整的输出选项能让用户轻松将图标转为不同的档案类型，非常方便。用户也可以将喜欢的或者常用的图标加入个人收藏夹，这样在任何时间和地点都能访问到收藏夹中的图标。

在 FindIcons 中搜索图标的步骤：第一步，输入和要找的图标有关的关键字。比如，要找一个"前进箭头"的图标，可以尝试使用关键词"forward""right""next"等。一般建议从普通的关键词入手，这样可以得到足够多的搜索结果方便下一步过滤。第二步，修改关键词进行结果过滤。如果搜索结果数量太大（超过 1000 个结果），需要使用更具体的关键词，例如改用"forward arrow"。多个单词之间用空格分隔，通过不断修改关键词以寻求最终需要的结果。FindIcons 齐全的搜索结果过滤器，包括在当前结果中搜索、尺寸范围、颜色选择、排序等。

搜图网（www.ccnphoto.com）

搜图网是专业的图片搜索引擎，所有搜索出来的图片都具有直接的版权，图片的作者姓名以及作者的联系方式会同时显示在页面上，图片用户可以很方便就联系到该图片的作者。

搜图网可以搜索到各种类型的图片，内容包括世界文化遗产、世界自然和文化遗产、旅游风光、人文民俗、财经人物、演艺圈人物、主持人、时尚人体、建筑、园林、城市风光、红色旅游等在内的各个方面。

	图片搜索	搜索帮助

二、图片素材网

昵图网（www.nipic.com）

昵图网成立于 2007 年 1 月 1 日，是一个设计、素材网站，图片素材共享平台。网站以摄影、设计、多媒体数字视觉文件为主要内容，以"共享创造价值"为理念，以"尊重原创"为准则，支持对标题、关键字、作品编号和文件名的搜索。

昵图网搜索可以对图片类型、文件格式、尺寸以及像素等进行限定。其具体的搜索方法有：1.文件名搜索方法。任何一个文件都有相应的文件名，即预览图另存后默认的文件名，在搜索框内输入正确的文件名即可进行搜索（输入文件名记得要加后缀）。2.用户名搜索方法。在搜索框内直接输入用户名搜索。3.编号搜索方法。昵图网的图片编号为 20 位数字编号，在搜索框内输入对应的编号进行搜索。4.输入关键词搜索：在搜索框内输入需要搜索的关键词进行相关搜索。

素材公社（www.tooopen.com）

素材公社网是专为设计人和爱好者提供作品与创意的展示的分享平台，将以前买图库的模式转变为素材站的模式，并产生了专职整理素材、创造素材的设计师群体。其未来的定位是逐步形成素材交流、交换最后到交易的素材工具式网站。

素材公社的素材类型包含 psd 素材、图片素材、矢量图、3D 模型。除了可以找到需要的素材，用户还可以上传自己的作品赚钱，在分享的同时为自己带来利益。

千图网（www.58pic.com）

千图网是一个免费素材网站，网站提供矢量图、psd 源文件、图片素材、网页素材、图标素材、3D 模型素材、手机 APP 素材、ppt、画册、图标热门主流素材的免费下载服务。

第四节　音频资源搜索

音频资源搜索主要包含三个方面，一是常用搜索引擎的音乐频道，二是音频资源数据库，三是音频资源网站。搜索引擎的音乐搜索主要有百度音乐、搜狗音乐、虾米音乐等。音频资源数据库主要包括库克数字音乐图书馆、文化部全国公共文化发展中心为视障人群（包括全盲及弱视）量身打造的心声·音频馆等。音频资源网站主要有中国古曲网、华音网、搜谱网等。

一、音频资源搜索引擎

百度音乐（music.baidu.com）

百度音乐是音乐门户，致力于为用户提供多种方式的音乐服务，提供海量正版高品质音乐，提供推荐歌单、歌曲搜索，提供契合用户需求的电台和 MV 等服务，帮助用户快速地找到喜爱的音乐。

百度对全网音乐资源提供搜索链接服务，包括但不限于网友公开分享的以及各网站的音乐资源，使用户搜索天下音乐变得易如反掌。曲库对质量最优的音乐资源按照技术自动排序采取优先呈现，为用户提供最佳音乐搜索结果。

百度音乐为用户提供强大的音乐媒体内容，其中包括独家首发专辑、全新歌曲、各类权威音乐榜单、热点音乐专题等，实时、权威地为用户提供音乐内容推荐。百度音乐提供按歌手、分类、榜单分类浏览，其中歌手可以按照地区分类和按拼音首字母查找，分类可按照风格、流派、乐器查找，榜单提供了华语、欧美、影视等分类查找。若需要精确查找，可以在搜索框中输入歌曲名、专辑名、音乐人姓名来查找想要的信息。

搜狗音乐（mp3.sogou.com）

搜狗音乐，是一个集合音乐在线试听、下载等众多功能的音乐综合网站。搜狗音乐搜索具有全面的数据总量和广泛的音乐资源覆盖面，快速收录新歌，歌曲播放流畅，为用户提供智能的搜索服务。

搜狗音乐搜索简单易用，只需在搜索框中输入关键词，关键词可以是歌名、歌手名字、专辑名称或者歌词片段，点击"搜狗搜索"或者按回车键即可得到所需结果，也可根据榜单、歌手等分层级浏览。

虾米音乐（www.xiami.com）

虾米音乐网是一家在 2008 年上线内测，以点对点传输技术以及社区互动文化为核心的音乐分享平台。在虾米音乐网，可以和朋友一起寻找、分享喜爱的音乐，并可通过社区中"人"的作用，实现其他音乐分享网站目前所无法提供的多种音乐互动体验，等等。

虾米音乐和百度音乐、搜狗音乐类似，都提供推荐歌单、排行榜、歌手等途径的歌曲搜索和浏览，不同的是，虾米音乐网专门有一个虾米音乐搜索引擎，支持歌曲、专辑、艺人等关键词搜索，同时支持拼音首字母的搜索。

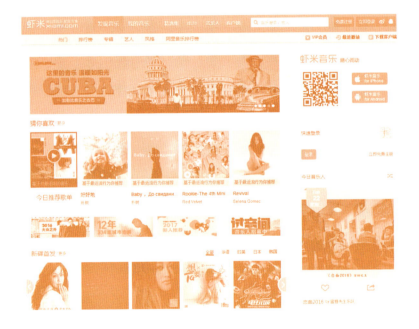

二、音频资源数据库

库客数字音乐图书馆（www.kuke.com）

库客数字音乐图书馆是国内首家专注于非流行音乐发展的数字音乐图书馆，拥有 Naxos、Marco Polo、CRC 等国际著名唱片公司的鼎力支持，广泛收集世界范围的古典音乐，以及中国、美国、西班牙、日本、瑞士、南非、伊朗等多个国家独具特色的民族风情音乐，设立爵士音乐、电影音乐、新世纪音乐等多个专栏，汇聚了从中世纪到现代 9000 多位艺术家、100 多种乐器的音乐作品，总计 50 多万首曲目。

库客通过互联网提供在线音乐资讯服务，并配备音乐名词浅释、唱片介绍、歌剧故事大纲、作曲家及演奏家生平介绍等文字资料，为音乐学习者和爱好者提供全面、丰富的数字音乐资料。

库客数字音乐图书馆除了拥有现代录音技术制作的音乐资源外，还收藏了很多历史录音资源。这些历史录音包含了大量的音乐家演奏资料，它们除了具有欣赏价值以外，还有很高的学术研究价值。同时，还有很多的英语读物资源，都是由英国 BBC 广播电台、美国 ABC 广播电台当红主播亲自朗读，结合丰富的古典音乐配乐，很受大众的喜爱，内容涵盖了儿童文学、诗歌名著、小说、历史传记等近千部作品。

除此以外，库客数字音乐图书馆精心打造的栏目"电子唱片"每期都会给用户推荐若干张由音乐专业人士挑选出的音乐专辑，还会附上这些音乐专业人士的

音乐介绍，使得读者可以边听边读，感受古典音乐的独特魅力。

库客数字音乐图书馆共包含圈子、私人电台、唱片、视频、库客剧院、有声读物几个资源栏目，检索默认全站搜索，也可根据栏目逐层查找。

值得一提的是库客的有声读物栏目，该栏目下设唐诗、传记、宋词、儿童文学、青少年文学、艺术、史诗、历史等23个分类，点击其中一条记录，可以进行专辑的收藏、播放和下载。

心声·音频馆（yinpin.ndcnc.gov.cn）

"心声·音频馆"是文化部全国公共文化发展中心为视障人群（包括全盲及弱视）量身打造的文化服务网站。网站内容以文化类音频资源为主，包括评书曲苑、相声小品、名曲赏析、影视同声、传奇故事、心声励志、健康新生、文学素养、欢乐少儿等内容。网站严格按照无障碍标准开发。在盲用读屏软件的辅助下，经过计算机培训的视障者能自行使用，未经培训的视障者也能在家人的帮助下使用。视障者可在家使用电脑上网访问音频馆，或到文化共享工程省、市、县级分支中心服务点，借助视障人服务专用终端收听音频资源。"心声·音频馆"网站设置资源分类、听书排行榜、热门专题、新作推荐、名家资源六个专区。

"心声·音频馆"为视障人士提供服务专用终端——指纹登录机。视障者通过手指按压指纹识别区，终端便可记录使用者指纹，终端可记录用户操作历史，打开上次未收听完的节目。通过指纹登录即可下载音频馆资源。"心声·音频馆"所有资源还有类别细分，便于使用者快速找到所需资源，同时还设立了所有类别的排行榜及总排行榜，给初使用者做个参考。

三、音频资源网站

中国古曲网（www.guqu.net）

中国古曲网设有古筝、笛箫、二胡、古琴、琵琶、葫芦丝、戏曲、民歌八个总栏目，涵盖新闻、音乐、视频、曲谱、教程等多方面的内容；并将主站与论坛紧密地结合起来，使音画、书籍、博客等环节得到深化，为广大的古曲乐友提供了一个真诚交流的互动空间。

华音网（www.huain.com）

华音网是全球最大的中国民族音乐网站，已开设了 20 余个栏目，收集了 800 多位中国当代民乐名家的资料和近 4000 首优秀传统民乐的音视频作品，以介绍中国古老的民族乐器、乐谱见长，深受民乐爱好者们的喜爱。华音网如今已与国内多家音乐学院的民乐教育研究单位以及民族乐团、民族乐器制作厂家深切交往，与网民和乐迷们形成良性互动，在民族音乐界影响力巨大，已成为民乐爱好者最热衷的网站，被网民和乐迷们亲切地称为"保护和发扬民族音乐的旗手"和"网上民族音乐博览会"。 网站提供古筝、笛子、古琴、二胡、琵琶、葫芦丝等民族音乐欣赏、民乐在线试听以及民族音乐下载，弘扬民族音乐文化。

搜谱网（www.sooopu.com）

搜谱网是一个专业的歌谱乐谱搜索网站，提供简谱、吉他谱、钢琴谱、电子琴谱、手风琴谱、二胡谱、笛箫谱、萨克斯谱、古筝谱等各种歌谱乐谱，支持上传和下载。点击其中任意一种分类，如"钢琴谱"进入钢琴谱列表，可以进行视听、下载和收藏等操作。此外搜谱还有一个专门的搜索频道，可以进行歌词、歌谱、伴奏等的搜索。

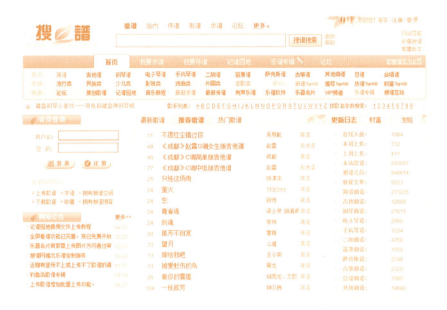

国外音乐资源网站

1. www.music-scores.com：提供大量按乐器、作曲家等分类的乐谱下载，还注明了乐谱的难易程度，更可以在线收听弹奏的音乐，非常方便，部分乐谱只对会员提供下载。

2. www.classiccat.net：提供 2800 个免费的古典音乐下载链接，输入作曲家或乐曲名可以直接找到音乐文件。

3. www.sheetmusicsearch.info：一个不错的搜索引擎，不仅可以直接搜索乐谱，还可以搜索书籍、CD、DVD 等。

4. www.virtualscore.com：免费乐谱网站，有作曲家、体裁、演奏乐器等多种分类检索方法。

5. www.eclassical.com：世界上最大的古典音乐 MP3 商店。

6. www.8notes.com：该网站收集了大量的古典或传统音乐的乐谱，流行音乐、爵士乐资源，以及免费的音乐课程和音乐资源站点链接。

7. www.makemusic.com：软件的制作公司网站，提供了一些打谱制作和练习音乐演奏的软件下载，其中部分免费。

8. hcl.harvard.edu：集中了哈佛大学主要的音乐类书籍、乐谱和音响资料，为全球的音乐研究提供资源。

9. www.operabase.com：资料非常丰富的歌剧网站，提供超过万名歌剧演员的简介、演出行程，提供大量歌剧作品资料，介绍全球主要歌剧情况，还有专家与普通听众的评论，以及一本歌剧在线杂志。可进行在线检索。

第五节　视频资源搜索

视频资源搜索主要包含三个类别：一是常用搜索引擎的视频资源库，二是视频资源数据库，三是视频资源网站。常用搜索引擎的视频资源库主要有百度视频、搜狗影视等。视频资源数据库主要包括知识视界、超星视频、中经视频、上业百科视频等。视频资源网站主要有优酷、搜库、爱奇艺、腾讯、乐视等。

一、常用搜索引擎的视频资源库

百度视频（video.baidu.com）

百度视频是百度汇集互联网众多在线视频播放资源而建立的庞大视频库，拥有大量的中文视频资源。百度视频汇聚全网电影、热播电视剧、综艺、韩剧、美剧、动漫、体育、新闻、游戏竞技等节目，并提供热搜榜单及近期热门视频推荐。

搜狗影视（kan.sogou.com）

搜狗影视分电影、电视剧、综艺、动漫、直播、影讯等主题，每个主题分别进行了类别划分，如将电影又分为动作片、爱情片、喜剧片、科幻片等，并分别设有各自的热播榜。

综合比较百度视频和搜狗影视两个搜索引擎，在数量上，百度视频占优势；在个人体验上，搜狗影视占优势，搜狗影视的两栏显示、版面、视频框、文字信息等都给人很舒服的感觉，而百度视频的分类在页面显示不是很明显；在网页的页面设计上，可以看出搜狗影视在视频信息呈现上花了不少心思，而百度视频则是在数量上占据了优势。

二、视频资源数据库

知识视界（www.libvideo.com）

知识视界是一个拥有合法版权的科学教育教学类专业综合视频资源网站，是针对现代新型数字图书馆打造的集视、听、教、学为一体的多媒体网络平台。知识视界是专为高校英语课外听力学习而量身打造的视频教育资源库，在国内首度推出英文发音、中英文双语字幕外挂的形式，为高校师生专业英语词汇量的提高、专业英语的表达以及听、说等能力的提高提供全方位的服务，是一个不可多得的课外英语听力训练视频库。

知识视界的视频根据全国高等院校专业设置，分类收录了理、工、农、医、历史、文学等学科的视频资源，将其分为自然科学、人文历史、工程技术、军事侦探、医学保健等类别。网站支持关键词检索以及分类查找，值得一提的是知识视界有许多其他视频资源数据库无可比拟的特色功能，比如中英文双语外挂字幕、画面检索、播放系统支持片段保存等。

超星视频（video.chaoxing.com）

超星视频是由超星公司独立拍摄制作的学术视频网站。超星视频涵盖了哲学、宗教、社会学、政治、文化科学、文学、艺术、历史等系列的 8 万余部学术专辑，由 5000 多位国内外名师主讲，讲授形式包括课堂教学系列、专题讲座系列及大师系列。网站首页根据播放排行提供了热门视频推荐，且其分类详细，可根据名校、名师、排行榜等进行分类浏览，也可通过标题、主讲人及主讲人单位进行检索。除此之外，网站还包括超星读书、超星讲座和超星课程三部分内容。

网上报告厅（www.wsbgt.com）

网上报告厅是目前国内最大的视频数据库。该数据库包含大量与学校专业教学紧密结合的涉及理工、经管、文史、就业择业、法律视点、党政、医学、综合素质、军事、心理健康、教育管理等 18 个系列的专家报告资源。用户观看视频需要下载专门的播放器，视频课件可以很方便地插入 ppt 文件中。

网上报告厅提供了上述系列内容的分类检索，也可通过"视频名称""视频讲师""视频分类""视频简介"对视频资源进行检索。此外，系统还提供了按姓氏拼音、年龄排序检索专家的功能，并提供字段检索、高级检索、二次检索及热门关键词检索等专业检索功能。用户也可以登录个人中心，收藏喜爱的视频、创建专题并邀请好友一起分享学术乐趣。

中经视频（vod.cei.gov.cn）

中经视频是国家信息中心、中国经济信息网和中国发展学习网针对高校对学习和课件资源需求而开发的学习平台。网站不仅荟萃了国内重要的、有价值的经济与金融高层会议专家演讲，集成了中经网和中国发展学习网举办的高层论坛、研讨会报告，而且汇聚了中国发展学习网与国务院西部开发办人才组、世界银行经济学院等国内外机构共同开发的精华课件，其资源是独家具有的。

中经视频以经济和管理类课程为核心，为用户提供涵盖政治理论、政策法规、业务知识、领导能力、文化素养与技能等在内的全方位、多层次的权威性课程资

源和培训服务。通过在线浏览中经视频栏目，用户可以获取高层专家、学者、官员最新观点和前沿研究动态，从而开阔自身的视野。同时用户可以足不出户参加各种高层研讨会，在观看视频和聆听精彩演讲的同时，同步收看完整的 ppt 讲稿，高效率获取高端内容。

央视教育视频资源库（www.sqjy.cn/cctvavi.html）

央视教育视频资源库是由中央电视台三大出版社之一——北京科影音像出版社集 50 年服务中国教育市场经验，全面整合央视教育资源，为中国教育信息化量身打造的一个便捷、实用、功能强大的教育视频资源数据库。

该视频库由央视数十位资深编导集 50 年科教片制作经验，历时一年多，精心剪辑中央电视台各频道经典栏目中最重要、最精彩的节目段落，然后整理归类、精心编辑而成；以央视近百个栏目、年更新量近 500 小时的节目资源为依托，打造满足中国教育市场需求的最大视频资源库。央视教育视频资源库共分为文学艺

术、历史人文、生物揭秘、自然地理、人物、背景与事件、科学与艺术、先秦、隋唐、明清、近现代史、陆地与海洋、大气与气候、动物以及植物等，其节目导航主要分为四个方面的内容，分别是文学艺术、人文历史、自然地理、生物揭秘四个适合影像展示的学科。视频资源库是中学教师教学的好帮手，能让课堂教学瞬间变得丰富多彩。

上业百科视频（bksp.hnadl.cn）

上业百科视频整合收录了丰富的科普视频，涵盖了职业礼仪、职场沟通、应用写作、职业规划、绩效管理、营销策略、家庭法律、民商法、经济法、国际法、法律史、法学理论、故事解析、世界战争、古代文明、名人圣贤、十大王朝、数码摄影、京剧入门等 37 个大类。上业百科视频收录了 2 万多条视频条目，其视频资源主要包含法律、工程技术、哲学宗教、管理、经济、政治六大系列。

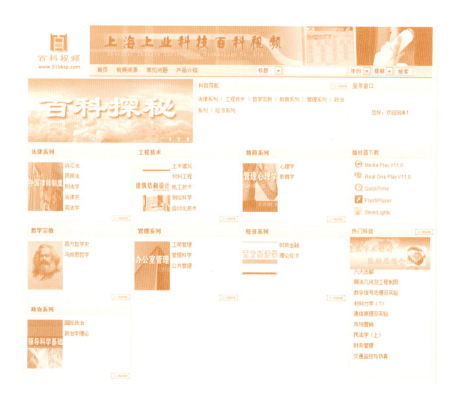

美国探索教育视频资源平台（mgts.oclassedu.com）

美国探索教育视频资源平台精选并整合了美国探索频道和国家地理频道近年来的节目，内容包罗万象，涵盖工程巡礼、科学发现、军事天地、自然星球、历史人文、生物百科、宇宙科幻、犯罪调查等 20 余个专题近 3.5 万部高清晰视频节目。其界面简洁明了，容易操作，在网站首页上列有工程建筑、交通机械、军事侦探、历史人文、旅游风光、生命科学、体育探险、科学发现、自然科学九个栏目，可进行分类浏览，也支持简单的关键词检索。

数图教育视频资源共享平台（www.oclassedu.com）

数图教育视频资源共享平台汇集了耶鲁大学、哈佛大学、剑桥大学、麻省理工学院、牛津大学、斯坦福大学、康奈尔大学、普林斯顿大学、宾夕法尼亚大学、哥伦比亚大学等世界各大名校名教授的视频课程资源，内容涉及人文、历史、经济、哲学、理科、工科、社会等各个学科，为学习者打造了一个视频学习资源平台。除此之外，该共享平台还专门对公开课视频资源进行翻译制作，学习者可以根据自己的需要，不受限制地学习和获取知识。

ASP学术视频在线（all-video.alexanderstreet.com）

ASP 学术视频在线整合了来自 BBC、PBS、Arthaus、CBS、Kino International、Documentary Educational Resources、California Newsreel、Opus Arte、The Cinema Guild、Pennabaker Hegedus Films、Psychotherapy.net 等数百家出版社的视频内容。视频类型包括获奖记录片、考察纪实、访谈、讲座、培训视频以及独家原始影像等万余部完整视频，其中包括大量从未出版的珍贵影像。

ASP 学术视频在线中的视频主要包括建筑与艺术、医疗与卫生、咨询与心理疗法、护理学教育、心理学、自然科学、人文科学、犯罪与法律、商业与经济、教育学、语言与文学、美国历史、世界历史、歌剧、戏剧、舞蹈、区域 / 领域研究、民族志学、女性 / 性别研究等学科。

三、视频资源网站

优酷视频（www.youku.com）

优酷视频以"快者为王"为产品理念，凭借"快速播放，快速发布，快速搜索"的产品特性，满足用户日益增长的互动需求及多元化视频体验，成为深受用户喜爱的网络应用和视频平台。优酷视频网站首页按照电视剧、电影、综艺、音乐、少儿、资讯、体育、旅游、教育、片库等分类，实现了垂直定向搜索，可帮助用户快速查找感兴趣的内容。

搜库（www.soku.com）

搜库是优酷旗下的独立网站，提供优酷站内视频及全网视频搜索功能，是一个很好的视频搜索平台。搜库可以根据不同的时长、发布时间、画质、来源网站对搜索到的视频进行细分，也可以按照专辑细分。网站首页按照电视剧、电影、综艺、动漫、音乐、明星、体育、科教、搞笑等分列了排行榜。用户点击电影、电视剧，可以分别按年代、国家或地区、类型组合等定位选择范围。

爱奇艺（www.iqiyi.com）

爱奇艺秉承"悦享品质"的品牌口号，积极推动产品、技术、内容、营销等全方位创新，为用户提供丰富、高清、流畅的专业视频体验，致力于让用户平等、便捷地获得更多、更好的视频。爱奇艺成功构建了包含电商、游戏、电影票等业务在内，连接人与服务的视频商业生态，引领视频网站商业模式的多元化发展。爱奇艺打造涵盖电影、电视剧、综艺、动漫在内的 10 余种类型的视频内容库，并通过"爱奇艺出品"战略的持续推动，让"纯网内容"进入真正意义上的全类别、高品质时代。

腾讯视频（v.qq.com）

腾讯视频是一个在线视频媒体平台，同时也是一款视频播放器。腾讯视频以原创内容为核心，辅助 V+原创平台、腾讯出品、微电影、拍客、搞笑特色。网站首页按照电视剧、电影、综艺、动漫、音乐、体育、科技、搞笑等分类。

乐视视频（www.le.com）

乐视视频是国家高新技术企业，由其打造的基于视频产业、内容产业和智能终端的"平台+内容+终端+应用"完整生态系统，被业界称为"乐视模式"。乐视视频重点发展的项目有电视剧、电影、体育，还有自制剧、自制综艺节目、微电影等节目。乐视影业如今已成为国内重要的民营电影公司。

第三章

数字文献资源利用

数字文献资源在信息化时代成为主要的资源类型，无论是新闻、报纸，还是图书、论文等，大部分以数字化的形式在社会中进行传播。传统文献资源有体积大、分量重、信息存储密度低、收藏空间大、自动化提取和快速检索不易的特点，而数字文献资源具有携带方便、信息量大、占空间小、检索和利用便利的优点，只需在移动端或电脑端提取信息即可阅读和传播。数字文献资源的这些特点正好可以弥补传统文献资源的不足。但目前的数字文献资源过于冗杂，给用户带来查找资源困难，造成时间浪费。本章将介绍日常数字文献资源，如报纸、期刊、图书，以及古籍、诗词、学位论文、工具书等专业性的数字文献资源的利用。

报纸数字资源

　　报纸是出现最早的大众传播媒体，长期以来报纸都是人们获得新闻信息的重要来源，随着数字化时代的到来，数字报纸逐渐取代了纸质报纸的地位，成为获取新闻、时事的主要来源。20世纪90年代以来，传统报业受互联网发展的影响，《中国日报》《人民日报》《光明日报》等传统报纸纷纷建立自己的新闻网站，用户可以直接在互联网获得新闻资讯。除此以外，多媒体数字报、短信手机报、WAP版手机报、阅读器版数字报纸、APP版数字报纸、街头阅报栏等多种版本的数字报纸相继出现，使得数字报纸的形式更加多样化，获取更加便利。

　　早期，传统报纸媒体开设网站或网页，将纸质报纸的内容放到网上，很少有版面的编排和加工，也没有多媒体、交互功能或增值服务。随着传统报纸对其网站的不断升级改造，内容来源于但不局限于纸质报纸，增加了多媒体和互动功能并开展了增值服务，充分利用网络传播技术优势，传播新闻资讯，提供信息服务。如2000年4月7日，《人民日报》网络版进行改版，并改称"人民网"；同年5月28日，《中国青年报》网络版改版，并改称"中青在线"。同时，一些传统的新闻媒体也开设自身的新闻网站，有些门户网站、商业网站也包含了新闻版块。

　　数字报纸在信息容量上已可以覆盖全部纸质报纸的内容（某些以精选信息为卖点的数字报纸除外），而以互联网为依托的新闻网站的信息承载量则要远远超出纸质报纸。一般报纸网站包含众多的版块，利用邮件订阅或是RSS订阅工具可以将不同来源的新闻内容聚合到同一平台进行阅读，用户只需开启一个页面或者桌面程序就能即刻阅读到从不同网站发送过来的新闻内容，方便快捷，并且不用受广告干扰。

　　手机报是一种信息传播平台，依托手机媒介，由报纸、移动通信商和网络运营商联手搭建，用户可通过手机浏览到当天发生的新闻。或者说是将报纸信息经过整合编辑后变成适合在手机上观看的新闻。手机报可以通过在移动通信服务商开通订阅，也可以通过 WAP 网站浏览，内容比报纸更为丰富，更强调娱乐性和交互性，篇幅较为短小精练。

除此以外还出现了专门的报纸阅读器、街头数字报纸阅读栏等，数字报纸的形式更加灵活多变，兼容多种阅读终端，同时保持对新闻信息的及时更新和推送，让读者在更多场合、更多时间段通过个人化、便携式的数字终端设备接收到新闻信息。

但是，通过新闻网站、数字报纸一般只能获得最新或近期的新闻内容，如果想要查找较早的内容则需要通过专门的报纸资源库进行查找。此外，在印刷时代的报纸只有通过将其数字化加工处理后才可以在电脑上查阅。

一、报纸数据库

中国重要报纸全文数据库（kns.cnki.net）

中国重要报纸全文数据库是中国知网（CNKI）的主要数据库之一，收录自 2000 年以来中国国内公开发行的 600 多种重要报纸，如《人民日报》《新华日报》《光明日报》以及地方性的重要报纸，对其中刊载的学术性、资料性文献进行连续动态的及时更新。

用户可以通过报纸导航浏览收录的报纸，也可以通过来源报纸阅读单个报纸的最新资讯，或是通过限制日期来查找过往的新闻内容，还可以通过输入关键词对内容的作者、主题、题名、关键词以及全文等进行检索。

中国报纸资源全文数据库（www.apabi.cn）

中国报纸资源全文数据库是专业的优质报纸全文库。全文库收录了全国各大报业集团的核心报纸 700 余种，不仅可以按报纸、按栏目、按文章、按图片进行文章级的内容检索，还可以通过文章直接翻阅原报，同时提供按地区、按分类、按字母检索报纸的方式。

瀚堂近代报刊数据库（www.neohytung.com）

瀚堂近代报刊数据库汇集近 300 种清末至民初的报纸和刊物，全库内容持续修订增补，种类动态添加中。数据库收录内容包含天津的《大公报》《益世报》，上海的《上海新报》《申报》《民国日报》，南京的《中央日报》，重庆的《新华日报》，长沙的《大公报》《湘报》，《格致汇编》《遐迩贯珍》《民报》《良友画报》《东方杂志》《点石斋画报》《图画日报》《绣像小说》《国风报》《临时政府公报》《陆海军大元帅大本营公报》《外交公报》《新青年》，英文的《中国丛报》（CHINESE REPOSITORY）等 400 多种清末至民初的报纸刊物。数据库根据图文对照整理，内容完整，可全文检索，并标记有详细出版时间，可以逐月逐日检索浏览。

瀚堂近代报刊数据库采用音序分类报刊，支持简繁体、异体字自动转换。可检索出处、标题和全文等，在书目中可查询报刊名称。

PressReader（www.pressreader.com）

PressReader 是一款通过新闻资讯来连接用户的综合阅读型数字新闻报刊应用。PressReader 的创新技术为用户提供来自超过 100 个国家、60 种语言的 5000 多份全文收录的完整版全球报纸杂志，可在个人笔记本电脑和移动设备上进行阅读和下载。在移动设备上可以安装 PressReader 的 APP 进行阅读与下载。PressReader 保持印本报纸的原始版面，每日更新，具备语音播放功能，可按照国家、语言、报纸名称浏览，提供全文检索，可提供 17 种语言的翻译，并具有标准语音播放功能。

二、报纸资源网站

AB 报（www.abbao.cn）

AB 报是一家原版数字报纸阅读网站，专注于让媒体从业者及普通读报爱好者在互联网上方便、安全、快捷、逼真地阅读全国各地各类报纸。网站共收录 800 多份报纸，涉及党政、经济、地方、文娱、体育等多种类别，包括国内国外多种报纸。网站界面简单，提供按首字母检索、"每日报纸"、"各地报纸"、"各类报纸"以及"报纸大全"等检索方式，并允许使用者对报纸进行收藏，方便日后查检。网站首页还会根据 IP 地址检测到用户的所在地，向读者进行本地报纸推荐。

在数字阅读时代，AB 报作为一家数字报纸阅读网站，与各种主流的浏览器都完全兼容。除了兼容性强外，更新及时也是该网站的一大特点。AB 报 24 小时不间断为用户更新报纸，并还原报纸的原始版面，使得用户足不出户就能读到自己喜爱、需要的报纸。

8点报（www.69981.com）

8 点报是全国 1900 多家传统报纸指定的电子报纸发布阅读网站，也是在互联网上免费提供全国电子报纸的平台型网站。网站提供"今日报纸""本地报纸""全国报纸""报纸分类"等检索入口，方便用户查检。

搜报网（www.soubao.net）

搜报网创立于 2008 年，是一个平面媒体资源信息发布平台。网站与全国各地 800 余家传媒机构建立了良好的合作关系。各家报社可以在搜报网上使用、发布、交流新闻信息、媒体信息等。同时，各家报社也可利用搜报网的平台，在互联网上展示报社形象，开拓信息渠道，提升报社的美誉度、知名度，有效地将传统媒体与新媒体进行二次传播与结合。

搜报网不仅提供报纸的在线阅读，还提供报纸的广告服务、购买指南、报社简介、广告代理、广告刊登电话、广告刊例报价、报纸广告投放价值分析、跨区域广告投放解决方案、广告监测报告、最新的报纸广告价格等丰富资讯。用户在读报纸时，还可阅读网站上提供的报业集团新闻、介绍报业人物的文字，等等。

与纯粹的数字读报网站不同，搜报网不仅是一家读报网站，还是一家较为专业的报纸广告咨询网站，适合普通读者和报业人士共同使用。

第二节　期刊数字资源

传统期刊是指印刷型的连续出版物，而数字期刊是指以数字化方式存储，通过终端设备读取的连续出版物。数字期刊随着硬件、互联网和移动互联网的技术发展而不断演化。早期的数字期刊是将纸质内容进行数字化，通过光盘、联机数据库、网络资源的形式进行访问及利用，这些数字期刊主要以学术期刊为主体构成，以数据库的形式呈现，期刊数据库大规模集成了各类学术期刊资源，实现期刊资源的统一检索，使期刊文献资源得到有效的利用和广泛的传播。

一、电子期刊数据库

中国知网学术期刊（kns.cnki.net）

中国知网学术期刊是世界上最大的连续动态更新的中国学术期刊全文数据库，内容覆盖自然科学、工程技术、农业、医学、人文社会科学等各个领域。收录国内学术期刊 8000 余种，全文文献总量 4000 万余篇。其产品分为十大专辑：基础科学、工程科技Ⅰ、工程科技Ⅱ、农业科技、医药卫生科技、哲学与人文科学、社会科学Ⅰ、社会科学Ⅱ、信息科技、经济与管理科学。可以检索 1994 年（大部分刊物回溯至创刊）至今的所有收录刊物的论文。

该学术期刊数据库提供了期刊导航功能，可以通过浏览查找所需论文；同时该数据库还提供了高级检索、专业检索、句子检索和来源期刊检索功能；在检索途径上，该数据库提供了主题、篇名、关键词、作者、作者单位等多途径检索，并可以通过来源期刊类别如核心期刊、SCI 来源期刊、EI 来源期刊、CSSCI 以及支持基金、年份进行检索范围的缩小，以达到提高检索效率的目的。

万方学术期刊数据库（wanfangdata.com.cn）

万方数据知识服务平台集纳了涉及各个学科的期刊、学位、会议、外文期刊、外文会议等类型的学术论文，以及法律法规、科技成果、专利、标准和地方志，更新及时。其中期刊论文、学位论文、会议论文、专利技术、政策法规等为全文资源，科技成果、中外标准以及机构等只是题录。平台基于海量高品质的知识资源，运用科学的方法和先进的信息技术，构建了多种增值服务。万方学术期刊数据库是万方数据知识服务平台的重要组成部分，集纳了多种科技及人文和社会科学期刊的全文内容，其中，绝大部分是进入科技部科技论文统计源的核心期刊。内容包括论文标题，论文作者，来源刊名，论文的年、卷、期，中图分类法的分类号，关键字，所属基金项目，数据库名，摘要等信息，并提供全文下载。

万方学术期刊提供了按学科分类导航的逐级查找，也可在检索框输入关键词查找。要提高检索的查准率，可使用万方的高级检索，万方高级检索与知网的学术期刊库相比，缺乏对核心期刊、SCI 来源期刊、EI 来源期刊、CSSCI 以及支持基金的限定，在检索途径上，万方期刊库提供了对刊名和期数的限定。

维普期刊网（qikan.cqvip.com）

重庆维普中文期刊数据库包含了 1989 年至今的 8000 余种期刊刊载的 2000 余万篇文献，涵盖社会科学、自然科学、工程技术、农业、医药卫生、经济、教育、图书情报等学科数据资源。所有文献被分为八个专辑：社会科学、自然科学、工程技术、农业科学、医药卫生、经济管理、教育科学、图书情报，八大专辑又细分为 35 个专题。

维普中文期刊服务平台可以通过期刊导航和学科导航进行浏览，检索界面为搜索引擎式检索界面，并提供高级检索入口检索题名、关键词、作者、第一作者、刊名、作者机构、文摘、分类号、任意字段，也可以限定期刊的来源范围，包括核心期刊、SCI 来源期刊、EI 来源期刊、CSSCI、CSCD 来源期刊等，此外，还可以进行学科范围的限定。

全国报刊索引（www.cnbksy.com）

1955 年，在文化部的委托下，上海图书馆创办了《全国报刊索引》杂志，旨在汇聚和揭示全国出版发行的所有报刊文献资源内容，它也成为国内最早出版发行的综合性中文报刊文献检索工具。《全国报刊索引》已由最初的月刊，发展成为集印刷版与网络服务平台为一体的综合性知识服务体系，现可提供 5 万余种报刊、5000 余万篇文献的一站式服务，年更新数据量超过 500 万条，相继挖掘出版了《晚清期刊全文数据库》（1833—1911）、《民国时期期刊全文数据库》（1911—1949）、《字林洋行中英文数据库》（1850—1951）等珍稀数字资源。收录数据最早可回溯至 1833 年，汇集报刊数量逾 5 万种，全面涵盖社会科学、自然科学等各个领域。

大成老旧期刊全文数据库（laokan.dachengdata.com）

2010 年推出的大成老旧期刊全文数据库，以收藏 1949 年之前的期刊为特点，收藏种类多，内容涵盖广，珍本孤本收集较全，使用简单便捷。该数据库已收藏数字化期刊 7000 多种、14 万多期，已经成为研究近代史学、文学、政治学、法学、社会学、经济学以及各个学科史等学术研究不可或缺的数据库工具。所有数据全部采用原件高清扫描，并对每页文件都进行了清晰化处理加工。

Cambridge Journals Online（www.cambridge.org/core）

剑桥大学出版社成立于 1534 年，是世界上历史最悠久、规模最大的大学出版社之一，它一直秉承剑桥大学严谨求实的学术传统，致力于在全球推动知识、教育、学习和研究。剑桥大学出版社将可以获取的所有剑桥期刊的过往卷册全部数字化，一直回溯到第一卷第一期，回溯库将历史资料和最新技术结合起来，更加简单易用。剑桥大学出版社每年出版约 2500 本新书及超过 200 种学术期刊，科技类期刊有 100 种，其中 81% 被 SCI 收录；人文社科类期刊有 165 种，其中 67% 被 SSCI/AHCI 收录；医学类期刊有 48 种，其中 63% 被 SCI 收录；工程技术类期刊有 50 种，有 82% 被 SCI 收录。这些期刊学科跨度广，学术水平高，极力关注各领域的最新研究发展，已成为科研和教学的必备资料。

剑桥学术期刊提供按期刊名称、学科类别的浏览，同时还提供对免费内容的浏览，若需要精确查找文献，可使用其高级检索功能。

Emerald 管理学期刊数据库（www.emeraldinsight.com）

Emerald 出版社创立于 1967 年，由世界著名的商学院之一布拉德福德大学商学院的学者建立。Emerald 出版社主要出版管理学、图书馆学、工程学等专业领域的期刊。Emerald 管理学全文期刊库包含 200 种专家评审的管理学术期刊，提供最新的管理学研究和学术思想研究成果。Emerald 全文期刊回溯库包含 178 种全文期刊，超过 11 万篇的全文内容，涉及会计、金融与法律、人力资源、管理科学与政策、图书馆情报学、工程学等领域。所有期刊均回溯至第一期第一卷，最早可以回溯到 1898 年。Emerald 平台首页提供快速检索、高级检索、浏览选项，同时针对作者、图书馆员、研究、学习、教辅有不同的分类专栏。此外，其快速浏览功能还提供按照期刊名称和主题进行浏览，并提供了按期刊名首字母顺序浏览的途径。

Wiley Online Library（onlinelibrary.wiley.com）

Wiley 是全球历史最悠久、最知名的学术出版商之一，享有世界第一大独立的学术图书出版商和第三大学术期刊出版商的地位。2010 年 8 月，Wiley 正式向全球推出了新一代在线资源平台 Wiley Online Library，作为全球最大、最全面的经同行评审的科学、技术、医学和学术研究的在线多学科资源平台之一，Wiley Online Library 覆盖了生命科学、健康科学、自然科学、社会与人文科学等全面的学科领域。它收录了来自 1500 余种期刊、10000 多本在线图书以及数百种多卷册的参考工具书、丛书系列、手册和辞典、实验室指南和数据库的 400 多万篇文章，并提供在线阅读。

Wiley Online Library 回溯期刊提供按字母顺序浏览、按学科分类浏览，其高级检索提供题名、作者、摘要、参考文献、基金机构等字段及全文检索等途径。

Science Direct 全文数据库（sciencedirect.com）

荷兰爱思唯尔出版集团是全球最大的科技与医学文献出版发行商之一，已有 180 多年的历史。Science Direct 系统是爱思唯尔公司的核心产品，自 1999 年开始向用户提供电子出版物全文的在线服务，包括爱思唯尔出版集团所属的 2500 多种同行评议期刊和 3 万多种系列丛书、手册及参考书等，涉及物理学与工程、生命科学、健康科学、人文与社会科学四大学科领域，数据库收录全文文章总数已超过 1300 万篇。

Science Direct 是集期刊和图书于一体的平台，支持按学科主题分类浏览、按刊名字母顺序浏览，并可按照关键词、作者、刊名、题名等检索字段进行检索。

二、电子杂志

随着互联网的深入发展，数字期刊已不再局限于传统期刊的数字化，而是将动画、声音、视频、超链接及人机交互等手段全面应用在数字期刊的制作上，使数字期刊的内容更加丰富。在网络中编辑与发布的多媒体交互型数字期刊，常称之为数字杂志或电子杂志。

电子杂志通常指的是完全以计算机技术、电子通信技术和网络技术为依托而编辑、出版和发行的杂志。与传统纸媒杂志相比，应网络时代而生的电子杂志有着不可比拟的优势。其最突出的优点便是强大的信息呈现力。电子杂志的内容不拘于平面文字和图片，它集 Flash 动画、视频短片、背景音乐、3D 特效等各种效果于一体，表现形式丰富，对读者来说具有极强的视觉冲击力。

出版、发行成本低是电子杂志的另一优点。传统刊物的公开出版都要经过国家新闻出版广电总局的审批，获得刊号后才能出版，且印刷、发行成本相对较高。而电子杂志就相对灵活，无须纸刊的印刷和发行成本，避免了烦琐的发行程序，成本低廉，准入门槛较低。

方便快捷的互动方式也是电子杂志的一大特色。对于电子杂志来说，用户不再只是单一的看客，而是可以通过评论、线上投稿、参与调查等方式，更深层次地参与到杂志的制作中，有效增强了用户对某一杂志的归属感。电子杂志制作软件的出现，更是让杂志的制作大众化。

吾喜杂志网（wuxizazhi.cnki.net）

吾喜杂志网是中国知网旗下的电子杂志网站，收录电子杂志 3000 余种，拥有 15 年刊期的完整典藏，累计 60 多万本（期），部分杂志可以回溯到创刊。内容覆盖了健康、美食、理财、家教、育儿、时尚、旅游、教学、学习、考试、管理、财经、科普、体育、小说、诗歌、文学、历史、军事、数码、艺术、党政等诸多方面。

读览天下（www.dooland.com）

读览天下网站 2007 年成立于广州，是目前国内领先的移动互联网阅读平台。读览天下现拥有综合性人文大众类期刊品种 1000 余种，册数达到 5 万册以上，内容涵盖新闻人物、商业财经、运动健康、时尚生活、娱乐休闲、教育科技、文化艺术等领域，主要收录的杂志资源包括《新周刊》《漫友》《意林》《南方人物周刊》《摄影之友》等，为用户提供了丰富的原版杂志、图书内容和优质的阅读交互体验。该网站的杂志阅读服务并非免费，用户需要支付一定的费用方可获得阅读服务。除此之外，读览天下还兼顾图书和报纸的收录，收录的图书包含 5 大分类 6000 余本，收录的报纸种类达 400 种，主要以新闻内容为主。读览天下具有在线和离线下载两种阅读方式，并支持收藏功能，可随时随地进行阅读。读览天下具有互动的阅读方式，用户在阅读信息时，可以将已购买的内容通过微博、短信、邮件等形式分享给朋友，实现了信息阅读的互动分享性。

龙源期刊网（www.qikan.com.cn）

龙源期刊网现拥有全文在线的综合性人文大众类期刊 3000 种，内容涵盖时政、党建、管理、财经、文学、艺术、哲学、历史、社会、科普、军事、教育、家庭、体育、休闲、健康、时尚、职场等领域，拥有《当代》《十月》《新华文摘》《青年文摘》《民主与法制》《中国社会科学》《新闻周刊》《三联生活周刊》《中国国家地理》《读书》《商界》等名刊。龙源期刊网以刊为单位全文呈现，更新及时，部分刊物更新与纸版发行同步，读者可以在该网站阅读期刊的原貌版以及电子文本版。

博看网（new.bookan.com.cn）

博看网收录 3400 多种畅销期刊及学术边缘期刊、500 多种报纸数据库链接整合系统、3000 多本电子图书，几乎囊括了人们经常订阅的报刊，日更新量达 80—100 种，与纸刊同步面世。过刊回溯到 2006 年，以方便读者查询阅读。博看数据提供原貌版、文本版阅读方式，以满足不同读者的阅读需求。期刊分为时政新闻、管理财经、家庭健康、文摘文学、时尚生活、文化艺术、娱乐休闲、教育教学、学术学报、科学技术 10 个专题库 40 多类，不需下载任何阅读器，打开浏览器就可直接阅读。

读者（www.duzhe.com）

读者网站是《读者》杂志的官方网站，网站主页精选了各类来自网络、微信、图书等已出版或发表的文章供读者阅读，每日更新。可以浏览已出版的《读者》杂志目录，目录中带链接的文章可以直接阅读原文。

Vista看天下（www.vistastory.com）

《Vista 看天下》是中国期刊市场上面向高端消费人群的新闻类杂志。杂志的内容涵盖时政、财经 、社会、科技、文化、时尚、娱乐等领域。Vista 看天下网站依托《Vista 看天下》杂志提供的内容，通过重新整合处理原有纸刊内容，增加了网站特有的用户调查、SNS 分享等功能，加强了与用户之间的互动，成为杂志社与读者之间沟通的重要平台。

中国国家地理（www.dili360.com）

《中国国家地理》是著名的有关地理的杂志，内容以中国地理为主，兼具世界各地不同区域的自然、人文景观和事件，并揭示其背景和奥秘，另亦涉及天文、生物、历史和考古等领域。中国国家地理官网，融合手机媒体、电子杂志等新媒体形式，展现中国国家地理旗下《中国国家地理》《中华遗产》《博物》杂志的精美图片及内容，打造中国第一家以专业地理百科知识为基础，线上线下为一体的多元化媒体网站。

三、开放存取期刊

开放存取是 20 世纪 90 年代末，国际学术界、出版界为解决"学术期刊危机"而提出的一个概念，其主要目的是为了促进科研信息交流，使学界与大众能够更加方便地沟通。开放存取期刊采用"作者付费出版，读者免费使用"的出版模式。只要文献已经发表在网络中，任何用户都可以通过公共互联网免费阅读、下载、复制、打印等。用户使用文献时不受财力、法律和技术的限制。我国开放存取期刊平台主要有中国科学院科技期刊开放获取平台、中国科技论文在线等。

中国科技期刊开放获取平台（www.oaj.cas.cn）

中国科技期刊开放获取平台（简称 COAJ）由中国科学院主管，其前身为中国科学院科技期刊开放获取平台（CAS–OAJ），是一个开放获取、学术性、非营利的科技文献资源门户，于 2010 年 10 月上线运行。在 CAS–OAJ 的基础上，COAJ 作为新闻出版改革发展项目库入库项目，是一站式的中国科技期刊 OA 集成平台和门户，集中展示、导航中国开放获取科技期刊，强化科技期刊的学术交流功能，提升中国科技期刊的学术影响力，引领中国科技信息的开放获取。

中国科技论文在线精品论文（highlights.paper.edu.cn）

中国科技论文在线是经教育部批准，由教育部科技发展中心主办，针对科研人员普遍反映的论文发表困难，学术交流渠道窄，不利于科研成果快速、高效地转化为现实生产力而创建的科技论文网站。"中国科技论文在线精品论文"是经新闻出版总署批准，于 2008 年 5 月正式创刊的独立连续型电子出版物，刊物为半月刊，分别在月中、月底出版。现今"中国科技论文在线精品论文"的纸质版由教育部主管，教育部科技发展中心主办，"中国科技论文在线精品论文"编辑部出版。刊物依托中国科技论文在线网站高水平的学术委员会，精选出中国科技论文在线上发布的优秀科技论文，主要报道自然科学领域的基础研究和应用研究方面具有重要意义和创新性的最新成果。为促进最新成果的快速交流，"中国科技论文在线精品论文"每期的论文将在网站中分学科全文展示，并可在中国科技论文在线网站中全文检索。

第三节　图书数字资源

电子图书是一种以数字形态存储的出版物，通过计算机网络海量存储、管理、高速传递，并通过计算机终端或其他电子设备阅读使用的数字内容产品。

电子图书包括两种类型：一类是将各种印刷型的书籍通过扫描仪等计算机处理技术转换为数字格式，用电子方式发行，并用计算机阅读和存储。经过数字处理过的电子图书保留了原来印刷版图书的所有内容，如文字、插图、照片等，并可实现全文、多途径检索。另一类是原生数字图书，即一开始就是用电子文本制作的图书，或是一本新书先发行的预览版或共享版，其阅读和存储方式也是利用计算机。电子图书常见的格式有 hlp、chm、pdf、exe 等。

在国外，电子图书的销售方式主要有两种：一种是出版社直接将电子图书卖给图书馆，读者访问图书馆的电子图书即可阅读。图书馆可以指定购买哪一本书及其复本量。购买的每一个复本在同一时间之内只能供一个读者阅读，读者在阅读时需要把图书借出，读完后再还回。另一种是个人读者直接到公司网站上选择喜欢的电子图书，并通过支付费用购买图书，购买的电子图书只能在指定设备上阅读。

目前，我国数字出版尚处于探索阶段，出版模式、盈利模式尚不清晰，而且我国电子图书盗版严重，使出版社缺少出版正版电子图书的动力。有些公司未经出版社授权就扫描制作电子图书进行销售，电子图书的质量和版权得不到保障，出版社利益受到损害。因此电子图书商在为大众提供阅读享受的同时，更应自觉主动地对电子图书的版权问题进行保护，并且尊重图书内容原创作者及出版社的各项权益，电子图书产业才能健康有序地发展下去。

一、常用中文图书资源数据库

汇雅电子书数据库（www.sslibrary.com）

汇雅电子图书数据库共有电子图书 100 余万种，涵盖中图分类法 22 个大类，是全球最大的中文电子图书资源库。该数据库可以通过首页左侧的分类目录导航或上方的书名、目录、作者或全文检索功能找到用户需要的图书。也可通过高级检索功能精准查找到所需图书。此外，超星汇雅图书提供超星阅读器阅读和网页阅读两种在线阅读方式，可供用户自由选择。还可以通过下载手机客户端阅读。

中华数字书苑（www.apabi.com）

"中华数字书苑"涵盖了海量电子图书、报纸、工具书、中国地区与行业发展、艺术博物馆等数据库资源，用户更可通过 PC、手机、平板电脑等随时随地登录"中华数字书苑"，平台提供 230 余万种电子图书全文检索和在线浏览、300 余万种图书书目信息、49 万作者人物信息，985 个出版机构信息。另外还提供 700 余种报纸的阅读，是国内首个整报完整收录的报纸全文数据库，也是国内首个集文章内容全文检索和在线报纸原版翻阅为一体的报纸全文数据库。

另外，平台上的中国工具书资源全文数据库包含了 2500 余种工具书，3500 多册，2000 多万个词条。还有中国艺术博物馆图片数据库、中国地区与行业发展数据库等资源。

书香中国（www.chineseall.cn）

"书香中国——中国互联网交互阅读平台"聚合了国内 400 多家出版机构与大量知名作家的作品，机构或个人只需每年支付少量使用费用而无须任何硬件投入即可建设以阅读为核心、衔接机构与家庭、个人与组织的数字图书馆。它不仅仅是一个先进的新型数字图书馆，更是集阅读、互动于一体的真正读书活动组织平台、全民阅读公共服务平台，网站将机构用户和个人用户以数字图书阅读为载体、以主题读书活动为抓手紧密联系在一起，将社会信息化的基础设施与家庭的信息化设备进行无缝融合，持续自发地开展各种范围的有效应用，真正实现任何人在任何时间任何地点访问数字图书馆任何内容的目标。同时，它还把分散在各个组织机构的读者联系起来，形成了一个巨大的网络阅读社区，读者们可以以书会友，随时分享阅读的收获。在书香中国这个平台上，有 0—18 岁的整体分级阅读体系，有听书馆，有 16988 个组织，还有不断更新的读书活动……在这个平台上，每所中小学都有自己的学校读书网站，每个机构都有自己的读书活动平台。

书香中国阅览室页面的图书提供按照书库分类和中图法分类两种方法分类浏览，也可通过右上方的检索进行精确查找；听书馆精选了 940 本图书，为大家提供听书服务，实现全方位无障碍阅读；读书活动将全国范围内参加书香中国平台的组织的活动汇聚在一起；相关组织频道，每个组织都有自己的读书活动平台，可以进行机构新闻展示、热门图书展示、下级机构展示、热门活动展示、机构读书动态展示等。

畅想之星电子书（www.cxstar.com）

畅想之星电子书平台旨在将出版社的正版电子书通过平台销售到全国各级图书馆。

读者可以在平台上通过分类导航浏览电子书的内容，也可以检索电子书。如果图书馆没有购买平台的电子书，则读者只能试读和下载该书的部分内容，读者可以推荐图书馆采购该书。一旦图书馆购买该书，读者则可以阅读和下载该书的全文。电子书的在线试读和阅读不需要安装阅读器可以直接打开，读者也可以安装 PC 端或移动客户端阅读器实现电子书的下载和离线阅读。

畅想之星电子图书提供按学科分类、中图法分类查找，同时设有新书专区、古籍专区以及免费图书专区和专题推荐图书供读者浏览阅读。

读秀网（www.duxiu.com）

"读秀"是由海量全文数据及资料信息组成的超大型数据库，为用户提供深入图书章节和内容的全文检索，部分文献的原文试读，以及高效查找、获取各种类型学术文献资料的一站式检索，是一个真正意义上的学术搜索引擎及文献资料服务平台。其中，可以申请图书馆文献传递的数据量达到 310 万册，图书原文可以通过原文传递的方式获取，每次最多获取 50 页内容。

二、外文电子图书数据库

World eBook Library 电子图书（www.ebooklibrary.org）

World eBook Library（简称 WeL）是世界公共图书馆联盟（World Public Library Association，简称 WPLA）的电子图书项目，WPLA 成立于 1966 年，是非营利性的世界组织。WeL 的资源内容覆盖了 31 个学科大类，共计 152 个学科种类，以人文社会科学为主（如文学、历史、政治、社会学、教育、经济、法律、戏剧等学科），还包括自然科学、农学、医学、工程技术等领域的经典文学作品、书籍、期刊、百科全书、字典、手册等参考资源，共有全球 240 多种语言的超过 340 万册 pdf 格式电子图书与 2.3 万多种有声读物。

MyiLibrary 电子图书（lib.myilibrary.com）

MyiLibrary 是集成性电子图书平台，主要服务于学术研究者、专家学者和学生等，是各类机构图书馆选购、使用电子图书的重要平台。目前 MyiLibrary 电子图书平台上收录了来自近 300 个各类出版机构出版的各学科电子图书 19 多万种，其中 80% 以上为 2000 年后出版，每周增加约 2000 个新的图书品种。

MyiLibrary 电子书支持全文检索。可按关键词、作者、ISBN、出版社、出版日期、学科、类别、语种等进行高级检索，并可通过学科分类进行限定。读者可将电子书文本和图片拷贝至 Word、Excel 和 PowerPoint 中进行编辑，也可下载到电脑或移动设备中阅读。

Early English Books Online EEBO 早期英文图书在线（eebo.chadwyck.com）

Early English Books Online（简称 EEBO）是收录 1473—1700 年间早期英语世界出版物最完整的全文数据库，覆盖英语文学、历史、宗教、音乐、美术、物理学、妇女研究问题等诸多领域。除收录了早期大量文学资料外，还收录了丰富的欧洲中世纪历史资料，如皇家条例及布告、军事、宗教等公共文件，以及年鉴、练习曲、年历、大幅印刷品、经书、单行本、公告及其他原始资料。EEBO 支持全文检索，可按题名、关键词、学科主题、学科分类号、语种、国家等进行高级检索。

Eighteenth Century Collections Online ECCO 十八世纪作品在线（galeauth.galegroup.com）

Eighteenth Century Collections Online（简称 ECCO 十八世纪作品在线）

是 Thomson Gale 的重要在线数据库，收录了 1700—1799 年间所有在英国出版的图书和所有在美国和英联邦出版的非英文书籍，涵盖英语、法语、德语、西班牙语、拉丁语等多个语种，以及大量重要的美国出版物，共约 13.8 万种 15 万卷，内容超过 3000 万页，涵盖历史、地理、法律、文学、语言、参考书、宗教哲学、社会科学及艺术、科学技术及医学等多个领域，可进行全文检索。

Wiley 电子教材（onlinelibrary.wiley.com）

Wiley 全球教育的任务是帮助教师教学和学生学习并通过各种媒介出版教材，覆盖科学、工程学、数学、商业与会计、地理、计算机科学、统计学、教育学、心理学和现代语言学等学科。

Wiley 电子教材精选了 Wiley 国际知名原版教材，通过在线阅读和下载方式供读者更方便、更快捷地进行教学、学习和参考。这些出版物由国际知名作者和学者参与编写，被多所国际一流知名院校指定为教学参考书，包括麻省理工学院、哥伦比亚大学、耶鲁大学、哈佛大学、普林斯顿大学、剑桥大学等。

三、在线图书网站

E 书联盟（www.book118.com）

E 书联盟创办于 2005 年 6 月，是国内起步最早的电子书网站之一。目前提供电子书下载、电子书投稿、电子书论坛交流等，网站提供科教、哲学、法律、政治、小说等各类图书的免费下载。

Making of America（quod.lib.umich.edu）

Making of America（简称 MOA）是研究美国从南北战争到重建时期社会、历史、文化的极佳的网上资源，当然其收藏内容远不止于此，欧洲各国的历史以及著名作家的经典著作也非常之多，比如英国湖畔派诗人的全集、休谟的《英国史》（6卷本）、基佐的《法国文明史》（8卷本）等等，而且所有图书皆为图形格式或 pdf 格式，并且都是扫描输入。但是，出于版权保护的考虑，所收图书的作者差不多都是已故距今至少 70 年的，其中很多书都有极高的收藏价值。

Posner Memorial Collection（posner.library.cmu.edu）

Posner Memorial Collection 是 Posner 先生的个人藏书网站，书籍的数量虽然不是很多，但差不多都是善本，甚至可能有孤本。比如他所收藏的莎士比亚戏剧集是第一个剧团演出本；吉本的《罗马帝国兴衰史》也是第一版的。所有图书皆为原书扫描输入，保留了这些善本书的全貌，非常值得藏书家收藏。

Bartleby.com（www.bartleby.com）

Bartleby.com 号称自己是 "Great Books Online"，它的 "哈佛经典丛书"就多达 100 卷。此外还有很多极具价值的百科全书和词典，比如哥伦比亚百科全书（第六版）、美国文化遗产词典、名人名言词典等，所有的词汇还都带发音。

Online Library of Liberty（oll.libertyfund.org）

Online Library of Liberty 是自由基金会组织建立的在线书库，经常更新，而且差不多都是经典著作，涵盖了社会政治、哲学、经济、历史等多领域的著作，很多著作还是扫描输入的 pdf 版，比如吉本的 12 卷本《罗马帝国兴衰史》就是原书复印的，而且可以全书下载。此外像格拉斯哥版的《亚当·斯密全集》据说也是斯密最好的版本。

Perseus Digital Library（www.perseus.tufts.edu）

Perseus Digital Library 是研究西方古典著作的最佳网站，几乎所有目前遗存的古希腊和古罗马经典都能在此找到，很多书都有希腊文、拉丁文原本以及英文译本，而且有希腊文和拉丁文词汇研究工具，原文著作中的几乎每一个词都可以点击查看其英文词意以及使用频率等。除此之外，该图书馆还有英国文艺复兴时期书库，有莎士比亚和马洛的全部戏剧。

古登堡项目（www.gutenberg.org）

古登堡项目可以说是目前全球最大的免费在线图书网站。有很多书库，包括前面介绍的一些书库都收藏有古登堡的图书。虽然其中的大多数图书都是 txt 格式的，但也有一部分书制作得很好，比如爱德蒙·伯克的 12 卷本全集、带有著名画家达利插图的但丁《神曲》等，此外还有一些图书的音频资料。

一、学位论文

学位论文是科研机构、高校学生为获得某一级别学位而向学校或其他学术单位提交的学术研究论文。学位论文既能反映作者掌握基础理论知识和专业知识的程度，又能反映作者从事科学研究工作或独立担负专门技术工作的能力，因而它也是学位授予质量的基本标志。所以，学位论文是一种重要的颇具特色的文献源。根据学位的类别可分为本科学位论文、硕士学位论文和博士学位论文，目前被数据库收录的主要有各大院校的硕士毕业生论文和博士毕业生论文。

中国博士论文数据库（kns.cnki.net）

中国博士论文数据库是中国知网（CNKI）的主要数据库之一，其内容覆盖基础科学、工程技术、农业、医学、哲学、人文、社会科学等各个领域。目前已收录来自431家培养单位的博士学位论文20万篇。收录全国985、211工程等重点高校，中国科学院，社会科学院等研究院所的博士学位论文。可根据学位年度、学位单位、作者、导师等检索项进行检索，也可以通过学位授予单位导航进行浏览。

中国优秀硕士学位论文全文数据库（kns.cnki.net）

中国优秀硕士学位论文全文数据库也是中国知网（CNKI）的主要数据库之一，其内容覆盖了基础科学、工程技术、农业、哲学、医学、人文、社会科学等各个领域。目前收录来自711家培养单位的优秀硕士学位论文200万篇。重点收录985、211高校，中国科学院，社会科学院等重点院校高校的优秀硕士论文。可根据学位年度、学位单位、作者、导师等检索项进行检索，也可以通过学位授予单位导航进行浏览。

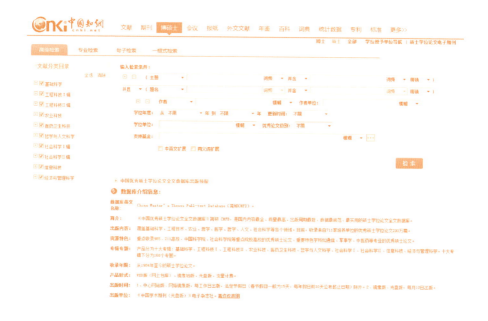

万方学位论文数据库（c.wanfangdata.com.cn）

万方学位论文收录了国家法定学位论文收藏机构——中国科技信息研究所提供的自1980年以来我国自然科学领域各高等院校、研究生院及研究所的硕士研究生、博士及博士后论文。万方学位论文数据库提供按学科专业目录及学校所在地的分类浏览查找。

ProQuest学位论文全文数据库（pqdt.bjzhongke.com.cn）

ProQuest 学位论文全文数据库是目前国内唯一提供国外高质量学位论文全文的数据库，主要收录了来自欧美国家 2000 余所知名大学的优秀博硕士论文，涉及文、理、工、农、医等多个领域，是学术研究中十分重要的信息资源。收录年代从 1861 年开始，每周更新，1997 年以来的部分论文不但能看到文摘索引信息，还可以看到前 24 页的论文原文。ProQuest 学位论文全文数据库已收录国外博硕士学位论文全文逾 55 万篇，每年增加数万篇论文。"ProQuest 学位论文全文中国集团"在国内建立了三个镜像站，分别是 CALIS 镜像、上交大镜像、中信所镜像，在所在机构已购买该库使用权的情况下，可登录任一网站检索并下载全文。

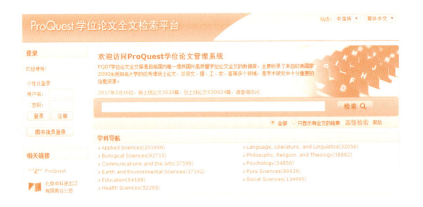

CALIS学位论文中心服务系统（etd.calis.edu.cn）

CALIS 学位论文中心服务系统面向全国高校师生提供中外文学位论文检索和获取服务。目前博硕士学位论文数据逾 384 万条，其中中文数据约 172 万条，外文数据约 212 万条，数据持续增长中。该系统采用 e 读搜索引擎，检索功能便捷灵活，提供简单检索和高级检索功能，可进行多字段组配检索，也可从资源类型、检索范围、时间、语种、论文来源等多角度进行限定检索。系统能够根据用户登录身份显示适合用户的检索结果，检索结果通过多种途径的分类和排序方式进行过滤、聚合与导引，并与其他类型资源关联，方便读者快速定位所需信息。

国家科技图书文献中心的学位论文库（www.nstl.gov.cn）

国家科技图书文献中心的中文学位论文库主要收录了 1984 年至今我国高等院校、研究生院及研究院所发布的硕士、博士和博士后的论文，学科范围涉及自然科学各专业领域，并兼顾社会科学和人文科学，每年增加论文 6 万余篇。

该学位数据库为文摘库，数据比较全面，可作为首检库。查到感兴趣的文献，再到其他的学位论文全文数据库中查找。

二、会议论文

会议文献是指在科学技术领域各种会议上发表的论文和报告，包括由商业出版社或学会协会出版的各种会议录、图书、期刊、报告和其他形式的出版物以及会议预印本等。长期以来，会议文献的学术价值被认为要低于学术期刊论文，主要是因为部分学者在发表了会议论文之后还会在专业期刊上发表，会议论文是随后出版的期刊论文的手稿。会议论文具有新颖性、时效性、前瞻性等特点，随着数字出版、数字存取等技术的出现及迅速发展，会议文献的可获得性明显改善，受重视程度有所提高，与学术期刊一样都是科技成果和知识积累的重要载体。

中国知网会议论文库（epub.cnki.net）

该库重点收录 1999 年以来，中国科协系统及国家二级以上的学会、协会，高校、科研院所，政府机关举办的重要会议以及在国内召开的国际会议上发表的文献。其中，国际会议文献占全部文献的 20% 以上，全国性会议文献超过总量的 70%，部分重点会议文献可回溯至 1953 年。可以分国内会议、国际会议和会议视频进行检索，提供会议名称、会议论文集、会议时间等检索入口。

万方会议论文库（c.wanfangdata.com.cn）

万方会议文献数据库收录始于 1983 年的 4000 个重要的学术会议论文，以国家级学会、协会、部委、高校召开的全国性学术会议为主，年增 20 万篇全文，每月更新，是国内目前收录会议论文数量较多、质量较高、学科覆盖较广的资源库。

第五节　古籍数字资源

为保护珍贵稀有的现存古籍，随着计算机软硬件技术的飞速发展和全面普及，在各方面人士的努力下，各大图书馆包括国家图书馆、上海图书馆、山东省图书馆、金陵图书馆、北京大学图书馆、复旦大学图书馆等都建有古籍库。这一善举不仅保存了古籍珍贵的历史文化价值，而且使得古籍能够被更多的需要它的人群所使用。

一、古籍数据库

中国国家数字图书馆古籍资源库（www.nlc.cn）

中国国家数字图书馆古籍资源库共包含数字善本、甲骨世界、碑帖菁华、敦煌遗珍、西夏碎金、数字方志、古代典籍、四部丛刊、全宋诗分析系统、全唐诗分析系统、北大国学（二十五史研习系统）、中国古籍基本库、明清实录等共 35 种资源，其中有的可以直接全文浏览或查找，有的则需读者证号、身份证号进行实名注册登录才可获取。

中国古代典籍包括历史、群经、诸子、文学四大类，基本囊括了我国在悠久的历史文化发展过程中所产生的各种经典。古籍资料库可进行作者和目次的检索，但遗憾的是不支持全文检索。中国国家图书馆的古籍善本直接继承了南宋缉熙殿、元翰林国史院、明文渊阁、清内阁大库等皇家珍藏，更广泛地继承了明清以来许多私人藏书家的毕生所聚。宋元旧椠、明清精刻琳琅满目；名刊名抄、名家校跋异彩纷呈；古代戏曲小说、方志家谱丰富而有特色。该数据库的建设，以保护古籍、传承文明为目的，逐步发布国家图书馆所藏善本古籍影像，使珍本秘笈能够展现在广大读者和研究者面前，让中国传统文化的精粹在更广泛的范围得到共享。数字善本支持题名、善本书号及责任者的检索，同时也支持对书目的浏览及在线全文阅读。

北大国学——二十五史研习系统是一套辅助对中国古代文学、中国古代史学习与研究的工具软件，该数据库以正史中二十四史以及《清史稿》的史料文献为基础，辅以从先秦到明清的大量史料文献，包含目录、章节、引文、注释等信息，并将所有文献信息做成索引文件，可快速定位检索。二十五史研习系统支持全文检索，可查历代名家的注解，也能当作查询某个词在二十五史中出现频率的语料库。

天一阁藏古籍数字资源库（www.eguji.com）

天一阁博物馆古籍数字资源库通过数字化加工方式，将天一阁馆藏古籍转换成影像数据和全文数据，制作古籍文献书目数据库和古籍全文数据库等数字资源，使古籍资源得到再生性保护。其中，对天一阁馆藏古籍善本 3 万册进行图像处理，共计约 240 万筒子页，对其中 1000 册进行全文数字化以及版式还原，共计约 8 万筒子页。

天一阁藏科举录选刊数字资源库是国家古籍整理出版资助项目的后续项目，是宁波出版社"天一阁藏古籍珍本数字出版工程"内容之一。天一阁藏古籍，多为海内外孤本，数据库主要针对其中珍藏的明代科举录选刊进行数字资源整理转换，并具备全文检索、主题词检索等检索功能，同时在阅读中可自由地进行影像和全文的单、多界面的切换、翻页、跳转，以及在此基础上的批注、点校等功能，方便用户更好地使用和研究。

天一阁藏科举录选刊数字资源库中，经过数字转换的科举录为天一阁内珍藏的明代科举录选刊，具体包括三类：乡试录、会试录、登科录，其中乡试录 277 册、会试录 38 册，登科录 45 册，共计 360 册，是现有古籍数据库中，唯一专业地针对明代科举录所制作加工的资源库，是研究明代科举制度、政治、时事、历史、文化、家谱等的优秀文献资料。

瀚堂典藏（www.hytung.cn）

瀚堂典藏采用国际 Unicode 标准七万六千汉字之超大字符集，精心数字化加工、存真性校勘建置的典籍类 B/S 服务器浏览器模式巨型数据库，形成以古代字书、类书和出土文献为特色的，独步全球的集成性古代文献检索与图文同步呈现之专业古典文献研究环境。

该古籍库从《甲骨文合集》释文到《殷周金文集成》释文，从《唐写本玉篇残卷》《宋本集韵》到《宋会要辑稿》《明清实录》《四部丛刊》，从北京的《顺天时报》，天津的《大公报》《益世报》到上海的《申报》，采用目录树方式，全库集成管理 1.5 万多种古籍，数十种民国报纸和众多期刊，共 3010 万条记录与海量清晰图片直接对应，汉字总量超过 40 亿。文献内容持续修订，种类定期扩增，并可根据读者要求定制添加。支持人工智能分词检索功能和简繁体字、异体字自动转换。

二、古籍在线阅读网站

殆知阁（wenxian.fanren8.com）

殆知阁藏书是关于古代文献的在线阅读网站，该古籍在线阅读网站收藏易学、儒学、道学、佛学等古代文献，收录超过 20 亿字的古籍，可在线浏览，亦可以原文搜索查询。

四库全书（lib.jmu.edu.cn）

免费在线检索版《四库全书》由集大图书馆赠书厅整理制作，可以自由浏览。该网站可进行经史子集的浏览，也可按照标题、关键词、文件名等进行搜索，支持全文检索。

古籍在线（www.gujionline.com）

古籍在线是为公众浏览、检索昆山凯希数字化古籍数据库（又称雕龙古籍全文检索丛书）而提供的一个窗口和路径。昆山凯希数字化古籍数据库经过多年营建，已经汇聚了规模宏大、内容丰富的古籍数字资源，拥有上万种中国和日本典籍数字化资源，是研究古籍的学者不可或缺的宝库。古籍在线引导读者，实现足不出户，字字可查，句句可检的全文检索、模糊检索以及传统的书目检索。

第六节　诗词数字资源

诗词是中华文化的精髓，阅读诗词可以弘扬中华文化。在数字阅读时代，诗词爱好者通过网络同样可以便捷地查找诗词。

古诗文网（www.gushiwen.org）

古诗文网致力于让古诗文爱好者更便捷地发表及获取古诗文相关资料。古诗文网的内容有诗、词、曲、文言文、辞赋等。古诗文网的资源按朝代设置了栏目，并有针对季节、节庆、景物、古文典籍等的分类，支持简单的关键词检索。此外，古诗文网还有个很有特色的功能是划词解释功能，选中一个词，会弹出词典，加以解释，有关键字联想搜索。

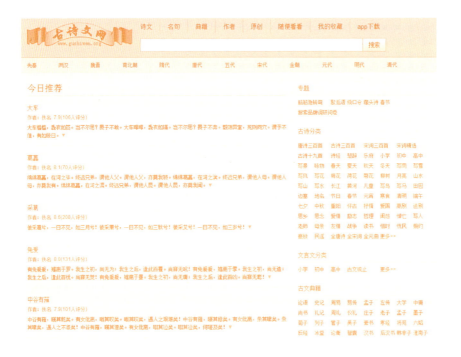

诗词在线 （www.chinapoesy.com）

诗词在线是一个在线开放式原创诗词交流网站，提供古今中外诗词在线阅读，全文检索，字典查询。国内诗歌收录很全，有注释和评析，国外诗歌则收录较少。诗词在线分为唐诗、宋词、元曲、诗经、乐府、楚辞、近现代诗、外国诗歌等，网站支持同时在标题、作者、作品正文里搜索，注册登录后，可与其他网友交流读诗心得，上传该站未收录诗作或者自己创作的诗作。

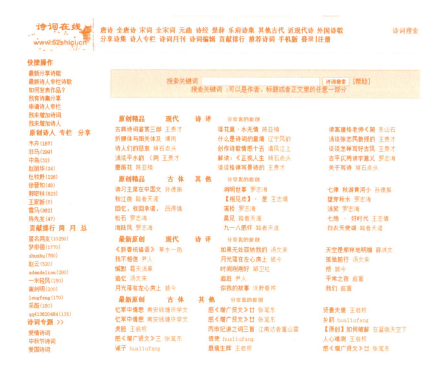

全唐诗库 （www3.zzu.edu.cn/qts/）

全唐诗库是面向公众免费开放的数据库。共收录唐代诗人 2529 人的诗作42863 首，计 900 卷，是一个既可以全文浏览又可以定向检索的数据库。全唐诗库在主界面上固定了卷号检索、诗人检索、题目检索、内容检索四种检索方式，此外还固定了两种浏览方式：分卷浏览、诗人浏览。操作简单，使用方便。

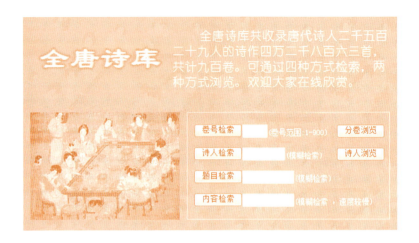

八斗文学（poem.8dou.net）

八斗文学的诗词搜索大库里收录诗词近 30 万首，是目前互联网上最大的免费诗词搜索库之一。在八斗文学的诗词搜索首页，在搜索栏输入诗人名或者部分诗词内容即可搜索。如用"春水""梧桐""暗香"进行搜索，可以把诗词的标题或正文中所有相关的内容都找出来，在搜索结果下可以"查看该诗歌"或"查看该作者资料"。搜索诗人，可以查看其全部作品，但是搜索时必须用全名。如输入"李商隐"可以搜索到该作者的诗作，"李商""商隐"则搜不到。此外，八斗文学的诗词搜索还提供诗人名拼音索引以便查找。

爱诗词（www.ishici.com）

爱诗词收集古诗、唐诗、宋词及古诗词中最经典的诗句 16 万首以及《红楼梦》诗词、古典名著中的诗词诗歌和毛泽东诗词。内容包括诗词的鉴赏、讲解、解释，搜索时需要选定"诗词句""诗词名""作者""解释"，不能弄混，否则不能达到搜索预期。通过"解释"所搜索到的诗词结果，点击"详细内容"都可以看到具体的注解。爱诗词首页分别按朝代列出了"热门诗人搜索"和"热门诗词搜索"，并且根据诗词的格律、题材等，列出了"诗词分类搜索"，甚是方便。其搜索框上的字典、词典、成语、谜语、名言等搜索则链接到"中华在线词典"进行具体搜索。

第七节　工具书类数字资源

字典古已有之，是为字词提供音韵、意思解释、例句、用法等的工具书。字典收字为主，亦会收词。词典以收词为主，也会收字。在我们使用纸质工具书的时候，有许多资料我们得逐条逐条地去查，到了网络时代，有了在线的电子字典、词典等工具书，为我们查找资料提供了极大的方便。

汉典（www.zdic.net）

汉典始建于 2004 年，是一个有着巨大容量的字、词、词组、成语及其他中文语言文字形式的免费在线辞典。汉典的宗旨是介绍中国文化、历史和语言，为那些在中文学习、研究方面有兴趣的人提供帮助与服务，并探讨中文语言文字使用的规范和标准。

汉典收录了 75983 个汉字、361998 个词语、短语和词组，以及 32868 个成语的释义；汉典古籍收录了总共包含有 38529 章节的 1055 部古典文献书籍、203 篇古文；汉典诗词收录了 268886 首古典诗词；汉典书法收集 135804 个著名的中国书法家汉字书法作品。汉典有其他五个辅助的网站，包括汉典古籍、汉典诗词、汉典书法、汉典中文论坛及新建的汉典英文论坛。

中华在线词典（www.ourdict.cn）

中华在线词典共收录 12 部词典中的汉字 15702 个，词语 36 万个（常用词语 28770 个），成语 31922 个，近义词 4322 个，反义词 7691 个，歇后语 14000 个，谜语 28071 个，名言警句 19424 条，均可免费查询。字典查询先查拼音索引，先定声母，再加韵母，然后才是汉字。部首索引由笔画到部首到字，笔画索引则显示每个笔画的所有字。

查字典（www.chazidian.com）

查字典包括汉语字典、汉语词典、成语词典、作文、语文、诗词、谜语、歇后语等内容。查汉字有"拼音检字"和"部首检字"两个途径。查词语可以直接搜索，也可以从"拼音检字"在声母和拼音中选择，词语中不断有新词加入，如搜索"阅读"，可以在包含"阅读"的词语里看到"浅阅读""轻阅读""微阅读"等。查成语可以直接查或从声母和拼音中选择，搜索结果页面包括成语的释义、出处、正音、辨形、近义、反义、用法、结构、辨析、例句、英译等。在成语词典页面，分别列出了季节、气候、十二生肖、动物、数字、心情等各类成语，一目了然。作文、语文分别是独立的频道，都可以进行相关的搜索。谜语、歇后语都有独立的页面，并进行分类呈现。

字典通（zidiantong.com）

字典通是知名的免费字典平台，以"会上网就会用字典通"为服务理念，成为学生人气旺盛的网络宝典。字典通包括字典、词典、成语、诗词、近/反义词、英语等内容。字典搜索可以选择《新华字典》《康熙字典》《古汉语字典》的其中一个，也可以在搜索后，点另两个词典的释义对照查看。词典搜索可以查拼音、五笔、解释或全部，查单字会把相关的词语一起呈现出来供查阅。检索到某词，除了拼音、五笔、释义外，还提供"相关诗词"与"相关词语"的链接。成语搜索可以选择查词目、解释、出处，在搜索结果，提供拼音、词义、出处、造句和相关成语。也可以点击搜索框边上的"成语归类"，查看已经归类了的成语。诗词搜索可以分别选择标题、作者、诗句三个途径，近/反义词可以搜索到某词的近义词和反义词，英语可以查到相关词语的英译，都很方便。

C书词典（www.cshu.org）

C书词典是一款开放性的网上在线百科全书，宗旨是做开放的百科全书，实现知识资料的共享，采用网友广泛参与其中的编辑和评审方式，采取百家争鸣和权威并重的方针，字典、词典、成语词典汇于一体，以词条为单元建立了全面系统的释义系统。直接输入字、词、成语点击"查看释义"，即可得到对应的释义。如果输入一个字或词，点击"模糊搜词"，与该字或词有关的字、词、成语就全部呈现出来。

中文助手（chinesehelper.cn）

中文助手是基于语料库和计算语言学的在线词典，是比较好的计算机辅助中文、汉语教学平台。汉语词典包含 37 万词条，其中常用汉语词语 8 万，同义词近义词 1.5 万，反义词 1 万，成语近 2 万，汉字近 2 万，包含汉英词条 10 余万条，英汉词条 10 余万条。组词词典提供自动组词功能，显示所有以查询字词为词首、词中、词尾的词语。造句词典提供自动造句功能，按难易度显示例句。独创从汉语解释查找汉语字词，只需输入关键的一个或几个词语，即可查找到这些解释对应的词条。中国历代经典诗词 18 万篇，支持从朝代、作者、标题、正文、注释查找。还收录了汉语知识，和汉字、汉语等相关的知识。其他如近义词、反义词、谜语、歇后语、作文、名言、故事、百科、儿歌等，也都很方便检索。

中华博物网（www.gg-art.com）

中华博物网包含了汉语字典、甲骨文字典、金文字典、说文解字注等，文字蒙求、文字源流、中国古代地名大词典、古陶文字集、中国历代职官词典让人眼前一亮。查询某个字时可以看到它在各种书里的位置，再点链接进去。网站没有对古书进行排版，直接把古书影印图片发上网。

爱词霸（www.iciba.com）

爱词霸是一款英语学习工具，包含词典、短句、翻译等众多功能的免费在线工具。爱词霸是英语学习者的一个良师益友，可以查词，可以查句，也可以免费在线翻译。更值得肯定的是，使用者输入中文，爱词霸就会将其翻译成英文，输入英文，爱词霸就会将其翻译为中文，而且还带有发声功能，对于学习英语非常有用。

Cambridge Dictionary剑桥在线词典（dictionary.cambridge.org）

剑桥在线词典包括剑桥国际英语词典、美国英语词典、国际短语词典及国际习语词典等。剑桥在线词典使用很简便，首先，先选择词典数据库，然后将检索词输入检索框，点击"look it up"即可。剑桥在线词典的数据库包括 Cambridge Learner's Dictionary、Cambridge Advanced Learner's Dictionary、Cambridge Dictionary of American English、Cambridge International Dictionary of Idioms、Cambridge International Dictionary of Phrasal Verbs、Dictionnaire Cambridge Klett Compact 六个词库，使用者可以根据需要自己选择。

Longman Dictionary of Contemporary English朗文在线词典（www.ldoceonline.com）

朗文当代英语在线词典收录了 207000 个词语和 7000 条参考资料，涉及人物、地名、事件和组织，如 Madonna（圣母玛利亚），Milwaukee（密尔沃基，美国城市），Manchester United（曼彻斯特联队，简称曼联，英超豪门俱乐部）等，都可以直接查询到。将要查询的单词输入查询框，然后点击查询框左侧的"Search"按钮，检索结果就出来了。

HighBeam 百科全书（www.encyclopedia.com）

HighBeam 百科全书是一个免费的在线百科全书，它的功能胜似哥伦比亚百科全书、大英简明百科全书、牛津世界百科全书和世界传记百科全书 。因此，可以用它来搜索可靠的事实信息资料、传记以及定义等。它收录的内容来源于哥伦比亚百科全书、简明不列颠百科全书、世界百科全书、世界传记百科全书、会计词典、工商管理词典、手术百科全书、牛津艺术词典、医学词典、生物学词典等100 多种百科全书或词典。

此外，HighBeam 百科全书还收录了 3500 多种出版物，包括报纸、期刊，利用该网站可以准确地找到所需要的文章。该网站还提供 6000 多万网络文章，这些文章既适于学生学习参考，也适合教育研究工作者研究需要，同时适于商业界人士参考。

语言学词典（www2.let.vv.nl/Uil–OTS/Lexicon/）

语言学词典（Lexicon of Linguistics）是乌得勒支大学语言学研究所开发的，是给广大语言学研究工作者提供语言学术语查询的专科词典，既可以输入关键词检索，也可以通过点击字母列表浏览。

第四章

数字阅读网站与软件

随着数字出版产业的发展以及用户阅读习惯的不断变化，去书店、图书馆阅读的读者逐渐被吸引至电脑或手机上来，越来越多的数字阅读网站和手机阅读平台涌现出来，并且拥有众多的用户。如依托新浪门户网站和微博发展起来的新浪读书，每日访问用户超 500 万；国内最大的原创文学网站起点中文网，每日访问用户超 600 万；专注于阅读评论和分享的豆瓣读书月访问用户过亿。①除了网站阅读以外，手机阅读也成为年轻一代的主流阅读方式，掌阅、QQ 阅读、开卷有益等涌现出的手机阅读软件集成了各类阅读资源，只需要在手机上安装相应的 APP，即可随时随地阅读。

---

① 戴和忠，王秀昕．数字阅读网站社交化互动体系比较研究．中国出版，2013（18）：32–35.

2002 年，新浪网开风气之先，率先开办读书频道，并在很短的时间内突破了日均百万的点击率，在其网站的点击排行中位居前列。此后，搜狐、腾讯、网易等各大门户网站纷纷效仿，竞相推出各自的读书频道。如今，读书频道在门户网站的组成中已不可或缺。目前，中国大多数的门户网站读书频道在内容上的盈利方式主要有以下三种：在线收费阅读、实体书销售和互联网原创文学的图书出版。

相比起点、豆瓣等知名的文学类网站，门户网站读书频道一直以来都站在门户网站巨大的身躯背后，少见抢眼的广告和热闹的推广，但尽管不温不火，却也占去了国内过半的网络阅读市场。这当然要归功于挂在门户网站首页的链接，但其本身也是一个引人入胜的所在，它涵盖面广，信息量大，一肩挑起了"书业门户"的重担。

门户网站读书频道是文学类网站中的集大成者。在数次互联网风潮的洗礼中，读书频道依托门户网站的资本优势抵御风浪并不断转型，吸收了文学类网站发展过程的成功经验，精准定位图书内容进行全方位的内容整合、活动安排以及营销活动。

新浪读书（book.sina.com.cn）

新浪读书首页设立书库、书摘、资讯、专栏、好书榜、专题等栏目，首页还为读者提供热点、新书速递、书评、访谈、图书排行榜等内容，为读者提供好看的小说推荐、小说排行榜、免费小说阅读体验，为文学爱好者搭建网络原创平台和交流社区。书库中图书点开后可以链接到该书的微博，付费电子图书可以阅读每个章节的第一页，纸本图书提供目录，部分网络小说提供全文阅读。书摘中选取书中部分片段试读，资讯栏目提供新书信息、书业观察、作家动态、文化新闻、文化活动等。此外还有专栏作家定期发表文章，每月推出新浪中国好书榜，除了总榜以外，各类图书均有榜单，书名、作者均有链接，方便查看相关信息。可以看出新浪读书频道十分注重将图书资源进行合理的组织编排，通过提供书讯、书摘、书评和博主推荐等方式对图书内容进行完整宣传，拉近浏览用户与图书的距离，提升阅读体验质量，从而促进用户对图书的认知，形成购买行为。

搜狐网读书频道（book.sohu.com）

搜狐读书设置了新书、排行、图集、书库、资讯、书评、阅读中国、读书会、会客厅、书见风云、人物、一周好书榜等栏目，新书介绍最新出版的图书，包含书名、封面、出版社、作者简介以及部分的书摘正文，让读者先睹为快。搜狐的排行榜分周点击、月点击和总点击排行，并可以按照图书的类别查看相应的排行，如小说文学榜、社科历史榜、文娱生活榜等类别。书库中点击书名直接进入正文阅读页面，目前仍是以网页的形式，阅读体验不如新浪等门户的图书翻阅界面。阅读中国是搜狐读书的特色栏目，每一期一个主题，专访一位嘉宾，多为文化名人。搜狐读书会由搜狐读书、搜狐文化共同创立，主要形式为线下沙龙＋线上专题，邀请名家亲临现场，针对人文社会领域的好书、热点话题展开讨论，并与读者进行沟通、碰撞。会客厅由搜狐读书频道、字里行间书店联合创立，是一档网络高端视频访谈节目。来自中国各地的文化人、作家来此做客，通过搜狐网的平台与全球华人网友分享他们对于文化与社会的认识、观点和争鸣。

凤凰网读书（book.ifeng.com）

凤凰网读书频道开设电子书、图书库、影视文学、剧本库、好书榜、读书会、读药、文青周刊、一日一书、凤凰诗刊等栏目，其中电子书又分为都市小说、言情小说、官场小说、历史军事、人文社科、文学小说、名家经典等类别，点开图书链接直接阅读图书内容，点击查看目录，凡是标有 VIP 字样的为付费部分，其他为免费阅读部分。图书库栏目中可以选择出版图书或原创图书、免费或是付费以及选择各个类别进行阅读。"凤凰好书榜"作为凤凰新媒体唯一一份图书榜单，为读者甄选更为可信、值得一读的各类好书。榜单分周、月、季度和年度。"一日一书"是凤凰网读书频道于 2015 年新开设的栏目：一天，为用户介绍一本好书。这本书有可能是新近出版的，也可能是从故纸堆里翻出来的。凤凰诗刊为读者提供一个读诗、品诗、与诗人交流的平台。凤凰副刊的宗旨是有文，有识，有趣。有味的生活，莫过于读篇好文章。凤凰网读书会，每期邀请若干嘉宾以讲座互动的形式在书店开展，读者可以报名参与。读药周刊是凤凰读书频道推出的独立书评周刊，以专题形式每期做一本好书的深度解读和各方评鉴，每月 5 日、15 日、25 日出刊。读药所荐书籍，以品质为第一要义，非精品，不推荐；读药所刊书评，亦为真评实话，不发人云亦云之词。文青周刊栏目关心中国当代文学及青年作家命运，发掘中国文学未来中坚分子，为当代读者提供优秀文学作品，成为当代中国文学青年及文学创作核心推动者。

光明阅读（reader.gmw.cn）

光明阅读网站设置要闻、新书推荐、资讯、阅读、悦读会、文摘、名人堂、作家、书评、出版社、书店、图书馆、数字阅读等栏目，首页汇集了光明日报、国图播报、中华读书报、博览群书、书摘等资讯，各类栏目主要汇集了各大新闻媒体上发表的相关文章。首页按照"人文社科馆""文学艺术馆""财经管理馆""科普教育馆""时尚生活馆""学术人物馆"分别介绍各类图书，并列出排行榜，进入图书链接可以直接查看图书目录并查看相关章节的内容，但图书内容还是以传统网页形式组织，阅读体验较差。

人民网读书（book.people.com.cn）

人民网读书频道设置了新书、连载、书评、书摘、作家、出版社、文化新知、微博、人民读书会等栏目，新书栏目中主要有新书荐读，包含了新书的基本信息、作者介绍、内容介绍、本书看点，部分图书提供书摘试读。书评主要收集《人民日报》上发表的大众书评。文化新知是人民网文化频道重点打造的大型原创深度对话栏目，坚持高端、深度、名家路线。其中既包括与《人民日报》联合推出的"文化讲坛"，也有文化频道独家策划的系列访谈。每期邀请文化名家围绕当前社

会文化热点，与主持人深度对话，访谈开始前在网上征集话题、观点，邀广大读者、网友积极参与互动，贡献思想智慧。人民网现场图文、视频直播每场访谈，在每期访谈播出过程中，第一时间编发嘉宾精彩观点，并在访谈后根据访谈实录梳理名家演讲的经典话语，整合推出。其中的"文化讲坛"在次日《人民日报》文化新闻版做头条报道。

网易云阅读（yuedu.163.com）

网易云阅读提供丰富的原创小说、畅销好书、热门新闻和文章免费在线阅读和下载。包括文学、传记、艺术、经济管理、官场小说、都市小说、言情小说、热血漫画、旅游、电影杂志等。在栏目设置上分为出版图书、男性小说、女性小说、漫画、订阅、排行榜等，例如出版图书下面又分为流行小说、经济管理、社科历史、文学艺术、两性感情、经典名著、亲子少儿、杂志等类别，可以按照类别查看免费作品或付费作品，然后进行阅读。在订阅栏目中提供报刊、新闻、财经、科技、生活、自媒体、时尚、美食、旅游等相关信息，可以通过电脑或手机客户端订阅感兴趣的内容。

腾讯文学（book.qq.com）

腾讯文学已经于 2014 年 4 月起以子公司的形式独立运营，作为腾讯互娱旗下重要的"泛娱乐"业务之一，腾讯文学拥有如下品牌矩阵：以男性阅读为主的"创世中文网"和主打女性市场的"云起书院"；移动端应用"QQ 阅读"和触屏网站"QQ 书城"两大移动阅读产品，以及以手机 QQ 阅读中心为代表的综合内容拓展渠道。腾讯文学网站分为四个模块：创世中文汇集最新、最热、最火的男性竞技小说在线阅读，云起书院汇集言情小说阅读，畅销图书汇集畅销图书阅读，论坛为书迷提供交流互动平台。其中畅销图书下又分为现代都市、悬疑惊悚、青春小说、奇幻仙侠、成功励志、经济管理、散文随笔、人文社科、短篇小说等类别，每本图书提供免费阅读或是部分章节免费阅读。付费图书一般按本购买，畅销小说按章节购买。

总的看来，各大门户网站读书频道在栏目设置上各具特色，这些栏目集中体现了频道的制作水准和编辑理念。一些门户网站还凭借其特有的资源优势，将博客和微博中的精彩内容整合到各个板块之中，给读者更多的信息渠道。除了内容本身，各家读书频道的用户体验也十分出色，在网页设计与内容呈现方面也都下足了功夫，实用美观，清爽大方，努力为阅读者带来更多美好体验。

第二节　阅读推广网站

随着信息、网络、通信技术的不断发展，网络阅读、手机阅读等给人们带来了阅读方式的变革，人们获取文献信息资源可以通过数据库、互联网等多渠道获得。人们走进实体图书馆的次数越来越少，国民阅读状况不容乐观，国家层面呼吁要促进全民阅读，社会各层文化机构尤其是图书馆纷纷开展阅读推广活动来吸引读者走向阅读。

网络阅读是一把"双刃剑"，容易造成读者阅读兴趣的淡化，甚至在繁杂的信息面前迷失方向。第十三次全国国民阅读调查结果显示，在手机阅读群体中，最喜欢的电子书类型为"都市言情"，其后是"文学经典""历史军事""武侠仙侠""玄幻奇幻"等。阅读推广的目的是提倡读书，读好书。为了加强阅读研究，指导全民阅读，阅读推广网站应运而生。

中国全民阅读网（www.cnreading.org）

于 2010 年 4 月 19 日正式开通的"中国全民阅读网"，由新闻出版总署主管，中国出版科学研究所主办，国民阅读研究与促进中心和中国出版网共同承建，旨在向国民宣传阅读的重要性，提高全民阅读的自觉性和主动性，不断提高我国国民的阅读率。

网站内容主要包括：一是发布在宣传和推广阅读活动方面的政府信息、行业信息、各地动态以及国外的阅读活动等资讯类信息；二是发布包括国民阅读调查、国家机关读书活动、全民阅读活动简报以及全民阅读蓝皮书等在内的专题报告；三是组织网民开展互动性的在线论坛、在线调查以及在线访谈；四是发布各级政府、行业协会及有关组织针对不同读者群体推荐的阅读书目；五是发布出版单位推荐的优秀出版物，并开展在线阅读等。

全民阅读网（www.lib-read.org）

"全民阅读网"在 2010 年 4 月 9 日于中国图书馆学会阅读推广委员会全体委员第一次工作会议上正式宣布启动。

该网站由阅读推广委员会所有专业委员会合作共建，由网络与数字阅读委员会、深圳图书馆提供技术支持，其宗旨是"保障阅读权利，享受阅读快乐"。它既是中国图书馆学会阅读推广委员会的工作平台，又是面向行业的研究交流平台，还是面向读者的阅读服务平台，包含资讯与动态、阅读与鉴赏、推荐与评论、技巧与方式、专家与读者、研究与出版、委员会专栏等栏目。

深圳读书月全民阅读网（www.szsky.com）

深圳读书月全民阅读网是深圳首个开展全民阅读活动的新型公共服务平台，由深圳读书月组委会办公室主办，于 2010 年 8 月 10 日正式上线运行，目标是打造一个引领市民阅读文化生活的门户网站。

深圳读书月已经连续创办 11 年，在当地形成了良好的阅读风气和文化氛围，全民阅读网站的建设则为市民提供了一种全新的网络阅读体验。作为深圳读书月的官方网站，网站专门开设了读书月的专用通道，内含历届读书月活动成果以及视频、音频资料，在读书月期间作为读书月活动的发布窗口和交流平台，以强化读书月的品牌价值。

网站特针对青少年和青年工人开辟了"花季雨季"和"青工网"板块，丰富精神世界，提升文化素养。网站基于 SNS（网络社交平台）设立论坛、圈子、空间、新闻、娱乐等板块，用户可以浏览新闻时讯、拓展书友圈子、建立个人文化空间，全面营建数字化的新型社交圈。网站还推出"网络漂流书"概念，不仅打破了单一实体漂流站的时空局限，还扩大了图书漂流活动的规模。

如今，快节奏的生活促使人们形成了简洁的"微文化"，全民阅读曾一度面临深购买、浅阅读的窘境，面对急速膨胀的书刊市场，人们时常感到不知所措，更无法静下心来细细品味鉴别。而这正是阅读推广网站诞生的根本原因，要指引人们正确走入数字阅读的新时代，适应在数字化环境中对阅读信息的快速选择和吸收。

2015 年 4 月 18 日，中国新闻出版研究院发布"第十三次全国国民阅读调查"报告。报告数据显示，2015 年我国成年国民图书阅读率为 58.4%，同比上升 0.4%；数字化阅读方式的接触率为 64%，其中数字阅读是亮点，首次明显超过纸质阅读。其中成年国民网络在线阅读率首次过半，达到 51.3%，同比增长 1.9%；成年国民手机阅读率最高，达到 60%，同比上升高达 8.2%，电子阅读器阅读、Pad 阅读及光盘阅读等都呈增长态势。阅读率整体全面上升，主要指标呈现增长态势，这表明我国正在以一个良好的态势逐步进入"悦读"时代，也向我们展示了一幅美好的全民阅读前景。

第三节　原创文学网站

原创文学网站主要是指提供原创作品在线阅读的网站，包括提供原创作品在线阅读的独立性网站，以及门户网站推出的提供原创作品在线阅读的读书频道或文学频道。早期出现的文学网站多带有浓厚的个人色彩，作者对发表作品也大多抱着无功利态度，因而网站性质多是非营利性的。但随着网站规模的扩大和以网络为概念的经济模式日益盛行，网络空间里的商业活动日益多样化，文学网站也积极加入这个商业化队伍中。

网络原创文学与传统文学有着很大的不同，它生存于网络，开放性强，都是在线写作、在线传播，有很多连载文学作品的作者，甚至会视帖子发出后的人气度以及"粉丝"的阅读需求，来调整自己的思路和文字。相较于传统文学的阳春白雪，网络文学更贴近生活，往往就是作者自身经历的真实写照，语言鲜活、生动，感情率真，不加矫饰。从更深层次的角度来看，如今的生活节奏越来越快，竞争越来越激烈，从而产生了更适应社会发展脚步的速食文化，年轻的人们喜爱从网络文学幽默的语言、轻松的氛围中，寻找精神压力的突破口和愉悦的感受。

起点中文网（www.qidian.com）

起点中文网创办于 2003 年 5 月，前身是起点原创文学协会，长期致力于原创文学作者的挖掘与培养工作，是国内最大的文学阅读与写作平台之一。起点中文网推行会员收费阅读制度，将收到的钱努力兑付给作者，买断作者的小说版权，从而避免了信息的同质化问题。阅读者每阅读一本书需要支付 3—4 元钱，网站主要以此盈利并按比例支付作者稿费。网站阅读内容方面主要包含玄幻、武侠、都市、科幻、二次元等类别，2007 年专为女性读者开设了起点女性频道。目前已产出了众多优秀的原创文学作品，如《鬼吹灯》等。

红袖添香网（www.hongxiu.com）

红袖添香网创办于 1999 年 8 月，作品涵盖了小说、散文、杂文、诗歌、歌词、剧本、日记等体裁，是目前中文网络创作体裁最全面的文学网站，在言情、职场小说等女性文学写作及出版领域具有较大影响力，是现存历史最悠久的文学网站之一。《裸婚》《盛夏晚晴天》等影视作品均出自该网原创。红袖添香是深受女性网友青睐的原创文学网站，以其精美独特的页面设计、唯美优雅的文化气质在同类网站里独树一帜。

晋江文学城（www.jjwxc.net）

晋江文学城创办于 2003 年，一个完善的言情网站，有属于自己的原创网、书库、书店。晋江文学城拥有在线作品 190 万余部，穿越、言情、影视、都市爱情、职场婚姻、青春校园、武侠仙侠、纯爱衍生、玄幻、网游、传奇、奇幻、悬疑推理、科幻、历史、散文诗歌等风格迥异、类型多样的网络文学作品百花齐放，网站的这种不落窠臼的行事作风也在行业内独领风骚。目前已有上百万名注册作者和两万余名签约作者在这个平台上日更不辍，为广大网络文学爱好者献上了一部又一部可以堪称经典的网络文学著作。其中得以出版作品的作者达到 3000 人，上百部作品签约影视。

榕树下（www.rongshuxia.com）

榕树下创办于 1997 年 12 月，是国内历史悠久、有名的文学类网站，凝聚了一批在华语文学界极具影响力的作家，如韩寒、慕容雪村、李寻欢、安妮宝贝、邢育森、蔡骏、今何在、郭敬明等。2009 年年底，榕树下宣布改版上线之后，在原来的原创文学网站基础上，转型为一个传播文学、文化评论及原创写作的权威综合人文媒体，并定位于华语文学领域的垂直门户。网站为用户提供网络文学与实体出版书籍的阅读、推荐、评价，业内媒体资讯，文化娱乐社区等服务；为原创作者提供完备的网络发表及出版通道。先后推出"民谣在路上"、"第四届榕树下网络原创文学大展"、著名作家与文化名家专访、组建"中国书评人天团"等活动，获得了较大影响力。

小说阅读网（www.readnovel.com）

小说阅读网，创办于 2004 年 5 月，分为男生版、女生版和校园版，主要提供都市生活、婚恋职场、古言穿越、历史军事、青春励志、悬疑幻想等体裁的文学作品的线上阅读、手机无线阅读、线下出版、影视改编、游戏改编、动漫改编服务。网站拥有海量原创作品、签约作家、签约编剧及用户群，其中小说论坛为国内最大的文学在线交流平台。

潇湘书院（www.xxsy.net）

潇湘书院创办于 2001 年，是最早发展女生网络原创文学的网站之一，也是最早实行女生原创文学付费的网站。原创文学出版领域，潇湘书院与国内众多出版社在小说连载、小说宣传、原创出版等方面达成了紧密的合作伙伴关系，获得了包括长江文艺出版社、春风文艺出版社、安徽文艺出版社等众多知名出版社的作品授权连载，并与多家文化公司有长期的合作关系，推荐并策划作品出版，实现作品线下阅读价值，创造作品改编影视、走向荧屏的可能。

传统文学作家对于网络文学的兴起褒贬不一，有人认为这是对文学界的一次撼动和挑战，也有人认为这就是纯粹的垃圾。但不管怎么说，网络原创文学已经成为至少年轻一代都易于接受的文学类型，各原创文学网站也已经找到了商机，而且成功地生存并且发展壮大起来。值得警惕的是，网络中存在着相当多的泡沫和浮华，正如女写家安妮宝贝说的，网络永远只能是一个沟通的载体，而不可能成为支撑文字的东西，写作的人最终还是要回归到书的出版才能找到踏实的感觉。

众所周知，现在网络上有许许多多的原创文学网站，作品的种类也包罗万象，大多是小说，其中都市、言情、玄幻、武侠题材为主的网络小说，占据了这些原创文学网站的绝对主流，但内容良莠不齐。目前来看，各类网站都拥有海量的原创网络文学作品，但由于网络文学创作的自由性和随意性的特点，使得大量作品存在严重的质量问题。不少作品单纯追求"眼球效应"，以低俗内容吸引网民关注，格调低下，同时也反映了当今的大众阅读心理，即快餐化的轻松阅读。一些网站和作者为吸引用户阅读，作品中夹杂大量淫秽色情内容，甚至宣扬有违社会公德的血腥暴力，影响了原创网络文学作品整体质量。除了故意吸引眼球的恶俗作品，写作过程中的注水现象也影响了原创网络文学作品的质量。

当文化遇到网络，应该有更好更广阔的发展空间，但不能以牺牲文学的质量为代价。虽然大众喜欢的，才是最流行、最有利可图的，但大众喜欢的并不一定都是好的，谁来担负起引导大众文化取向的责任，这是需要好好思考的问题。原创文学网站用一种独特的激励和管理模式，将原本混乱、随意而不稳定的网络创作和电子出版消费进行了协调和融合，疏通了电子出版行业的供应链，改变了需求与供给间的循环关系，多少能对网络文学的有利推广和权益保护起到一些作用。

广大读者的电子阅读免费观念以及网络文学地位和价值低于传统文学的现状，都影响着网站对自身平台上作品资源的利用。在大多数网民心中，互联网内容都可免费获取，因此即便售卖价格低廉，电子化阅读的付费依然面临着网民认可度的挑战。与原创文学网站的蓬勃发展相比，这个新兴行业所面临的制度环境和监管现状并不完善，其中最突出的就是作品的版权保护。对原创文学网站而言，作品的版权在其日常运营中占据核心地位，若是版权受到侵犯，损失将难以估算，各种盗版和侵权行为使得原创文学网站的生存遭受极大挑战。

目前版权保护的技术措施，主要以技术手段为主，保护和管理自己的版权，防止他人的侵权行为。作者可以在数字化作品中使用电子水印。盛大创新院就自主研发了一套文学作品指纹技术及版权追踪系统，并于 2012 年年底成功应用于盛大文学。所谓"文学指纹"，就是用计算机提取文学作品文本内容的特征值，该过程类似人的指纹提取及比对。基于文学指纹技术，盛大创新院又研发出版权追踪系统，对热门作品实时更新进行指纹采集，对各大盗版网站实时监控并提供盗版网站排行、盗版趋势等数据聚合分析，从而使大批量盗版追踪成为可能。

第四节　在线听书网站

"听书"，顾名思义，就是用听的方式来"读书"。提到听书，通常想到的是在收音机里听刘兰芳的评书，听"评书"是听书的前身。这里的听书是指将多种播放技术和设备与计算机和网络的多媒体功能相结合，把书上的文字内容朗诵出来，录成 MP3 等格式的数字化有声读物。听众（读者）不仅可以通过网络在线收听，还可以将作品下载、存入 MP3 随身听等播放设备或制作成光盘，从而随心所欲，不受任何限制地"阅读"。听书可以把文字中的感情通过声音淋漓尽致地呈现出来，这是它优于其他一般印刷读物的最独特之处。

听书是可以让读者享受到真正自由的、不受时间限制的阅读。听书的读者群可分为三类：第一类是纸质阅读条件有限的读者群，他们通常较空闲，而又没有纸质阅读的条件，如有车族、老年人、休闲族等；第二类是缺乏纸质阅读能力的群体，包括低幼儿童、盲人、有阅读障碍的人群；第三类是指对有声读物感兴趣的人群，他们虽然具备阅读纸质图书的条件，但有听书的兴趣，那些容易接受新生事物的年轻人、受过高等教育的人、喜欢阅读的群体都属这类。

随着生活节奏的加快和电子技术的高速发展，产生了"听书"这一新型的阅读方式，是面向所有"没有时间静下来读书"人群的一种新的接受知识的方式，从用眼睛看书到用耳朵听书，是人类阅读方式的重大变革，它用"耳"重新定义了阅读的概念，阅读不再是以书面文字为中心，要求人们集中全部注意力的活动，听书可将眼睛从疲劳中解放出来，它摆脱了无声电子书只能在计算机旁阅读的限制，可在任何有效范围内，如沙发、床上等，通过耳朵以听的方式"看书"，将节奏快速的现代生活之中那些微不可见的"碎片时间"有效利用，为阅读争得了一定的时间与空间。另外，纸本图书携带不便，从网上下载电子图书放进手机、电子阅读器或 Pad 中阅读虽然已是稀松平常的事，但听书的出现，既可以将眼睛从繁重的使用中解放出来，又能提高效率，节省读者的时间，因此很容易为人们所接受。

搜音客（www.soyinke.com）

搜音客是一个有声读物的分享和原创平台，拥有500G以上的独家有声读物资源和大量优质原创有声资源，包括热门畅销听书、经典名著、评书相声、曲艺娱乐、网络流行小说、教育学习类音频资源，等等。搜音客签约了大量的著名播音艺术家、著名的文学艺术家以及著名广播电台，提供正版的听书资源，并且推出听书机硬件、听书手机客户端等应用软件。搜音客所有作品，除了作品的前三集供用户试听以外，后续内容无论收费与否都只对注册用户开放。目前搜音客资源有收费和免费两种，收费资源除前三集为免费试听外，后续必须在用户注册购买听币后方可试听或下载，每本书需2—5元不等。

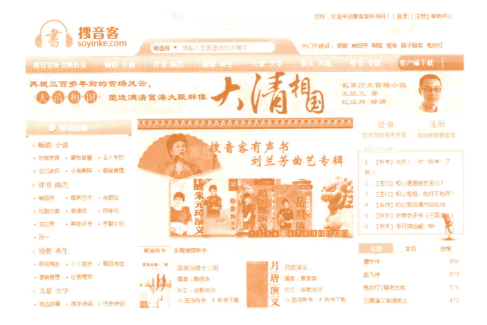

静雅思听（www.justing.com.cn）

静雅思听将城市大众，尤其是年轻白领关心的一些热点问题，生活性、知识性及思想性的内容，以 MP3 的形式提供给公众，听众从网站上免费下载下来，放在电脑或 MP3 中，在自己方便的时候收听。资源内容包括历史、军事、健康保健、法制、情感、文化、汽车、旅游、生活常识、经济管理、心理、医疗、营养、职业发展、教育、地理、科技等各个方面。资源有免费和收费两种，内容主要有图书和短文两种，图书目前有 1000 余种，其中免费 70 余种，收费资源需注册会员购买谷粒试听，每本书花费 3—20 元不等。

博客思听（www.bookast.com）

博客思听是来自台湾的一个专业听书网站，线上资源与一般听书网站不同，该网站所提供的并非是图书全文，而只是书摘。网站建设者认为，在这个信息爆炸的时代，我们有太多书要读，读书的时间却太少，博客思听存在的意义在于可以让注册的用户免费将书摘的音频下载下来，在有限的时间内获取更多书的信息，学习更多知识，同时对书籍的选择方面更有方向，更有效率。博客思听为读者所提供的有声书摘服务，是由厂商赞助的，只要读者收看完赞助厂商的广告，就可以免费取得授权，收听或是下载所挑选的书摘。读者看的广告越多，厂商的赞助也越多，网站的成长也就越发茁壮，这种双赢的模式或许值得大陆众多的网站学习。

懒人听书（www.lrts.me）

懒人听书网站提供在线听书和手机客户端听书资源，拥有文学名著、有声小说、曲艺戏曲、名家评书、儿童文学、外语学习、时事新闻、搞笑段子、健康养生、广播剧、职业技能等十几个大类上百个小类上万本正版有声阅读资源。懒人听书顺应用户需求和市场发展趋势，强化平台功能，已从最初单一的听书工具发展成为集合主播培养、商业服务、社区互动的综合性有声阅读交流平台。所有用户都可以上传有声节目，上传后的节目可以在懒人听书所有平台上同步收听，上传作品后还可以通过平台认证成为平台主播，目前懒人听书吸引了主播近万名。平台所有书籍可以免费下载收听，收听的时候可以发表自己的评论，和其他听众

一起交流讨论，也可和书籍的主播在线即时交流反馈，还可以把喜欢的书籍通过微信、微博、QQ 等工具分享，可以手机下载 APP 收听资源。

酷听（www.kting.cn）

酷听网是中国最早正规化运作的有声书专业网站。内容涵盖小说、儿童、综艺娱乐、教育讲座、经管励志、相声小品、军事历史、外文原声、养生健康、生活两性等 10 余个内容类别，集结国内上万名优秀有声读物播客，拥有常驻播客达 6000 人，平台形成了内容采集、精编创作、有声出版、发行推广、渠道销售等全产业链布局。目前所有资源可以免费在线试听。支持手机下载 APP 客户端试听。

天方听书网（www.tingbook.com）

天方听书网创建于 2004 年，网站内容涉及原创小说、中外文学、现代文学、儿童文学、探案悬疑、科幻文学、百科知识等近 20 个大类。主页栏目主要分原创小说、儿童读物、曲艺杂谈三个类别，在线试听免费，下载需用户注册并收取听币，可以分章节购买下载，也可以整本购买下载。

凤凰FM（diantai.ifeng.com）

凤凰FM网站汇集了金牌节目、凤凰汇、有声小说和公开课四个方面的内容。其中金牌节目包含新闻、谈话、娱乐、音乐、情感、相声小品、评书曲艺、亲子、文史军事、财经科技、外语、旅游、生活百科和在线小说等栏目；有声小说包含都市青春、恐怖灵异、推理悬疑、人物传记、文学名著、官商职场、玄幻穿越、武侠仙侠、历史军事、古代言情、广播剧等栏目；公开课包含人文、社会、自然、经管法、哲史、培训讲座、名人演讲等分类。同时凤凰FM还提供不同内容的排行榜，供用户进行浏览收听。

除了在互联网上获取听书资源以外，各大听书网站相继推出了手机客户端、Pad客户端等，将听书的广度与深度扩展，推进听书活动的发展。听书，无疑给现代生活重压下的民众提供了诸多便捷，但也面临着许许多多的问题，其中最棘手的无疑就是版权问题。

听书的版权不仅涉及文字版权，还有音频版权。取得文字版权的途径主要分为三种：一是文字作者自己上传文字作品；二是市场购买，对热门书、畅销书进行版权购买引进；三是合作渠道取得，如盛大文学旗下的天方听书网与同属盛大文学的起点中文网、潇湘书院、红袖添香、小说阅读网等兄弟网站合作，获取网站上大批原创文学作品。至于音频版权的取得，也分自制音频、购买音频、合作音频等多种途径。而不管通过哪种途径引进哪种版权，付费断不可少。当然，根据引进渠道与作品畅销度的差异，付费形式和种类也各不相同。用户在线试听音频资源，许多都是免费的，下载收费标准也因书而异。目前我国的听书市场潜力很大，用户所获取的资源大多都是受国家版权法律法规所保护的作品，如何保障用户、作者以及听书网站三方的权益，是未来我国听书业发展中的重中之重。

中国新闻出版研究院第十三次全国国民阅读调查成果显示，从新兴媒介来看，人均每天手机阅读接触时间最长。我国成年国民人均每天手机阅读时长为 62.21 分钟，比 2014 年的 33.82 分钟增加了 28.39 分钟；人均每天互联网接触时长为 54.84 分钟，与 2014 年的 54.87 分钟基本持平；可以看出手机作为全民阅读的一种渠道，显然日趋重要。

随着人们生活、工作的脚步节奏越来越快，整体的时间被分割得越来越零碎，而"在路上"的时间恰好能用随身的手机来打发。通过众多的新闻类 APP、图书阅读 APP 、杂志 APP 等，用户可以实时获取资讯，阅读文学作品、杂志等。

一、手机电子书阅读器

随着电子书和电子阅读器市场的蓬勃发展，人们看书的方式逐渐从纸质书阅读向手机阅读转变。手机电子书阅读器是一种用于浏览数字化图书的工具，指利用手机终端来阅读以二进制数码形式存储的、以光磁等非纸介质作为记载媒介的数字化信息出版物的阅读平台。[①]用户只要在自己的手机上安装阅读器的 APP，即可随时随地阅读了。

掌阅

掌阅又名 iReader，是国内非常受欢迎的一款手机阅读软件，拥有丰富的图书

---

① 洪亮 . 手机阅读与手机电子书阅读器的发展与展望 . 图书馆工作与研究，2013（4）：111—113.

资源。该阅读软件拥有畅销、生活、文学等类别的优质图书数字版权 50 万册，是业内第一大内容分发平台，具有用户体验较好、功能强大、个性时尚、界面简约的特点。用户安装注册后，可以给账户充值，充值后转换成阅读饼，用来购买图书。书城中主要有原创文学、出版图书、漫画、杂志等，每天提供限时免费阅读的图书，对于收费的图书，提供免费试读功能，试读后如果感兴趣可以用阅读饼购买整篇文章。在阅读过程中，可以做纠错、复制、高亮等标记，也可根据喜好改变字体、字号、背景颜色、翻页方式等。iReader 的书架设计非常精美，一本本书被整齐地摆放在木纹书架上，主界面向左滑呼出个人中心等附加功能。通过 iReader 软件阅读书籍的时候字体显示非常清晰自然，书页的翻页效果也极为逼真。通过长按屏幕，可以通过"笔记""高亮"等操作来记录文章中重要的语段，留下读书的痕迹。在阅读风格上，我们可选择白天、夜间、护眼、羊皮纸、怀旧等多种形式，字体大小、亮度也可随意调节，支持自动阅读、备份看书历史等多种功能。总体而言，iReader 能带来不错的阅读体验。

QQ阅读

QQ 阅读是腾讯开发的一款手机看书软件，支持多种手机平台，界面包含书架、精选、书库、发现四个板块，其中书库中包含出版图书 8 万余册，原创文学类图书 18 万余册。平台具有实用的书签功能，自动记录每本书最后阅读位置，阅读页面支持全屏模式、夜间模式、旋转屏幕，可以更改背景颜色、文字颜色、字体大小、行间距大小，页面支持文字跳转和章节跳转，同时支持按目录查找本地书和自动查找。用户界面设计风格有点像 iBooks，不管是书架的样式还是翻页效果都能够看到 iBooks 的影子。每一个章节结束都进入一个章节的讨论，可以与书友互动。而在功能设计上，与 iReader 也有相似性，只是它创新性地加入了"词典"功能，可以查询所查字 / 词的拼音和解释。图书有免费、包月和收费三种类型。

云中书城

云中书城是数字书城，内容包括盛大文学旗下起点中文网、红袖添香、小说阅读网、榕树下、潇湘书院、言情小说吧、天方听书网、悦读网等网站内容及众多全国知名出版社、图书公司电子书，为消费者提供包括数字图书、网络文学、数字报刊等数字商品。云中书城的海量电子书可以通过手机下载阅读器阅读。通过云中书城开放平台，所有出版单位均可自主上传数字图书、数字报刊等内容，自主定价，借助云中书城庞大密集的销售网络进行推广销售。云中书城凭借强大的内容与平台优势，推动数字出版，引领数字阅读潮流，为用户带来数字时代全新的阅读体验。云中书城界面分为推荐、限免、新书、排行和分类，整体上和很多阅读软件的书城界面差不多。它主打的功能是书架同步，可以通过登录盛大账号，将书架中的阅读记录同步到网络，即使更换手机也可以实时同步书架信息。另外，云中书城也支持听书功能，不过需要先下载安装听听语音扩展包。在阅读设置方面，虽然较以前版本丰富，但笔记、分享、词典和自动阅读等功能还欠缺。

多看阅读

多看阅读作为一款通用阅读软件，主要提供图书阅读，新增原创频道，支持本地多种格式图书的阅读（具体格式因对应平台而异）。多看阅读拥有免费图书搜索功能，用户可个性化设置书架分类、白天／夜晚主题、字体大小和间距。阅读批注和经典语句分享也十分便捷。一个账号支持多个版本时时同步。多看阅读崇尚"享受精品阅读时光"，界面赏心悦目，有明显层次感，通过左右滑动，就可以切换三大主要界面（个人中心、书架、书城），流畅度和操作性的表现都不错。书城的图书被分为畅销和最新两大类，界面安排紧凑合理，不需要点击进入便可知道书名、作者和价格，这一点方便读者在逛书城的时候了解图书的基本信息。另外，对文字进行批注、分享等功能基本一应俱全，还可以用不同颜色来批注文字，比较有特色。

豆瓣阅读

豆瓣阅读是一款移动客户端阅读软件，提供的阅读内容丰富，拥有世界文学、外国文学、环球科学、新发现等多个内容提供方，种类繁多，包括科幻、推理、诗歌等。读者可以添加已经下载到移动设备中的电子书直接阅读，也可以通过该软件下载文章。有的文章可以免费下载，也有需要豆币进行购买的，豆币通过对账户进行充值获得。阅读过程中，读者可根据喜好调整字号、字体、亮度、配色、翻页方式等，最具特色的是，软件为读者提供了交流的平台，读者通过沙龙区，与其他读者交流心得。打开豆瓣阅读，满满的清新文艺风格，加上商店的界面设计也相当简洁，让人一目了然。进入豆瓣阅读之后，如果要对书的内容进行评论，需要输入豆瓣账号登录才能正常使用。另外，无论在翻页、滑动抑或点击等的操作上，豆瓣阅读都能流畅地运行。另外，豆瓣阅读支持画线、分享、复制、纠错的功能，但没有旁注、笔记、字典等实用功能。

熊猫看书

熊猫看书是一款基于多手机平台的阅读软件，支持多种格式查看，具有摇摇分享、云书架、语音朗读、Wi-Fi 传书、眼保健操、护眼夜间模式、智能断章、仿真 3D 翻页、多格式阅读、批量订阅等多个功能。熊猫看书在专注离线阅读功能的同时，为给用户提供更加方便的阅读方式和丰富的阅读资源，软件增加了大量的在线小说、杂志、漫画、新闻等功能，支持在线书籍查询，在线书籍分类阅读，书籍收藏与撤销收藏，新闻分类阅读，新闻订阅分类与撤销订阅，这些在线功能需用户在手机联网后使用。熊猫看书会友情提醒用户开通手机上网套餐后访问，熊猫看书本身提供流量上限的控制以及流量监控功能，用户可随时跟踪网络使用情况。熊猫看书使用目录、翻页、滚屏、跳转或文内搜索五大功能迅速定位，让阅读更流畅；收藏和历史简化了用户浏览记录的烦恼；阅读中能随时调出菜单，设有书签、百分比跳转、亮度调节、阅读背景更换等功能，提供个性化阅读需求。读者通过长按屏幕可以 DIY（自己动手做）自己的书架；书城提供图书、杂志、漫画等更多类型的书籍；"上次"功能能够记录读书的历史等。另外，整合软件辅助性功能，如 Wi-Fi 传书、摇摇分享、同步设置等实用功能能够极大提高读者的阅读兴趣。

咪咕阅读

咪咕阅读基于用户对各类题材内容的阅读需求，与具备内容出版或发行资质的机构合作，整合海量原创文学、图书、杂志、漫画、听书、手机报、小说爽文、名家名作等多种阅读内容。咪咕阅读有多种功能和贴心服务，包括可在线阅读、下载阅读 、连载更新预订提醒、自动书签、云收藏、分享图书或文字到微信或微博，并拥有优秀阅读体验，如全夜间皮肤、自定义字体设置、多种翻页效果、字体缩放、亮度调节、多阅读背景、行间距调整、屏保设置等。

百度阅读

百度阅读是百度为了满足用户阅读类需求而推出的产品，包含面向版权方的百度阅读开放平台和面向阅读类用户方的各个展示终端。作为互联网和移动互联网上的电子书阅读平台，百度阅读开放平台是百度阅读类资源的统一引入平台，版权方可以通过该平台上传、管理、销售自己的版权资源。百度阅读能够为用户提供多终端的展现，满足海量读者的阅读需求。

塔读文学

塔读文学是无线阅读领域的一个基础平台，平台为读者、作者、内容合作商创造了一个共赢共荣的阅读乐园。它以贴心的移动阅读体验为核心，以丰富的品质版权内容的精细化运营为特色，充分结合移动终端的富媒体特性，为亿万用户提供精彩的数字阅读服务，成为中国最主流的数字版权创作、聚合以及分发平台。

塔读文学作为手机无线互联网原创文学先锋，收录海量精品小说与各种经典读物，其中都市、言情、青春、穿越、玄幻、修真、历史、武侠、科幻、游戏、军事等题材小说深受读者喜爱，成为国内最受手机阅读用户喜爱的无线阅读服务平台之一。

二、聚合定制类阅读器

信息爆炸时代，互联网海量内容快速产生，同时用户个性化的阅读需求不断提高，为了权衡海量内容与受众个性化阅读需求之间的矛盾，一种针对用户阅读兴趣，对内容进行有效分类聚合的阅读器孕育而生——内容聚合类阅读器。

内容聚合类阅读器从包括网站、论坛、博客、微博以及传统期刊等来源获取内容，根据用户的兴趣进行内容筛选和过滤，以定制的栏目为框架，组织和推送个性化信息。同时，内容聚合类阅读器又与社交网络、门户网站紧密关联，方便用户进行内容分享和评论。这种内容聚合类阅读器突破了传统的阅读模式，有针对性地组织内容，提高用户阅读体验，形成一种以内容为主要核心，以用户的个人社交关系为中枢，注重个性化阅读、个性化移动分享和个性化交流互动的全新的移动阅读模式。①

Flipboard

Flipboard 是国外一款伴随着 iPad 的上市应运而生的移动聚合类阅读器，以服务于 iPad 为宗旨，专注于社交媒体阅读。Flipboard 宣称"在这里，您可以看到一切"。Flipboard 收录了包括《中国新闻网》《北京晨报》《东方早报》《中国企业家》以及新浪微博、人人网等传媒在内的诸多出版媒体资源，可订阅资源包括新闻、科技生活等众多分类，其中每一类均有很多候选内容源。最初的 Flipboard 界面是以九宫格的形式呈现出来的，随着市场需求的变动，Flipboard 在内容分区中已添加至 21 个，包括封面故事、新浪微博、人人网、新闻、美食、

---

① 邹丹青 . 基于个性化阅读的内容聚合类 APP 比较研究——以 Flipboard、ZAKER 及读览天下为例 . 中国报业，2015（2）：15—16.

科技、Flipboard 精选、生活、设计等方面。Flipboard 最突出的一大特点就是具有阅读的互动分享性，用户在登录了微博等账号后，可随意进行收藏、分享信息内容于自己的微博账号或转发邮件给别人，具有极强的阅读交互体验。

ZAKER

ZAKER 是一款完全免费的互动分享阅读软件。ZAKER 主要是将微博、博客、报纸、杂志、网络新闻、图片、RSS、google reader 等众多内容重新整合编排，以杂志的方式呈现，用户按照自己的个人兴趣选择内容板块，有 24 个主板块可供选择，包括社交、资讯、本地生活、娱乐、新闻、财经、科技等，其中以财经、科技、本地生活为主要发布板块。ZAKER 收录的资源有人民网、新华网、东方网、新浪头条、光明网等网站信息，同时兼顾收录一些期刊和建立与社交网站的联系。ZAKER 的界面具有不规则排版的风格特点，这使得用户在视觉体验上与 Flipboard 有很大的差别。ZAKER 具有在线、离线收藏阅读两种阅读模式，用户不仅可以在有网络的环境下随时随地进行在线阅读，还可以下载相关信息后进行离线阅读。ZAKER 还具有阅读的分享互动性，用户对于自己感兴趣的内容可以直接在 ZAKER 内与好友分享互动，也可以通过微博、微信、QQ、邮件、印象笔记等社交媒体平台将信息内容分享出去。

网易云阅读

网易云阅读是为用户个性化聚合互联网资讯信息（包括资讯、图片、报纸、杂志、博客、社区、微博、公开课等众多内容）的一款品质阅读应用软件，也是阅读网易平台优质内容的核心应用。网易云阅读具有一站式阅读、个性化聚合、社会化分享等特点。

网易云阅读具有超过 130 个网易特色栏目，3000 多个精品内容源以及 10 万多本精选电子图书，涵盖网易门户所有频道。网易专业编辑团队精选财经、科技、汽车、体育、娱乐、时尚、视觉、人文、社交、生活、书籍等资讯内容，分类呈现，实时更新。网易云阅读的版式化界面还可以自由添加内容，打造属于用户自己的个性阅读。

知乎日报

2013 年国内高质量问答分享型社区知乎依托其每日产生的众多有价值的内容，发布了一款全新的资讯类应用——知乎日报。知乎日报每天推荐几十条高质量的问题解答，内容涉及方方面面。知乎是中国社交问答网站的先行者，其愿景是"组织各个领域的知识，把人们大脑里的知识、经验、见解搬上互联网"。在知乎上，用户可以通过提问和回答的方式，方便地创建和分享真实优质的知识、经验和洞见。

第五章

在线交流与数字阅读

阅读交流就是读者在进行阅读时或阅读后与其他读者交流自己所阅读的内容以及所产生的感悟等，数字阅读交流是数字阅读行为的种类之一。数字阅读交流就是人们通过使用平板电脑、手机等数字移动设备，进行线上或线下的阅读交流。数字阅读交流行为可以通过数字阅读交流的内容、平台、方法、对象等来反映。

　　目前，学者归纳的数学阅读交流模式主要有以下几种：1.即时模式，它是读者阅读自己所需要的内容后，通过 MSN、QQ、微信等即时通信软件即时地与其他读者交流自己的阅读体会；2.对等模式，它强调的是每个人在阅读网络信息的同时都可以及时与作者交流和表达自己的阅读体会，使读者能够深度参与到互联网中，每个读者的地位都是平等的，主要应用为博客；3.积累式，它所体现的是大众知识积累，由每个人个性化的思维积淀成大众的共性化的信息，是众多思想的融合和乘积，主要应用为维基；4.主动模式，它把从前读者被动地接受服务，变成了可以根据自己的喜好主动获取阅读内容，节省了信息查询时间，把时间充分用到阅读交流中，主要应用为 RSS；5.社区化模式，它根据读者的兴趣区别，把具有共同兴趣的读者集合到一起，在群体化阅读中相互交流，该模式有利于知识的转化、创新、共享和增值，主要应用为 SNS。

第一节　阅读交流社区

数字阅读社区是随着网络兴起而产生的新的社交形式，在数字阅读社区中，人们主要进行数字阅读，并对阅读内容进行讨论，阅读对象可以是书、博客、新闻等，社区中的用户可以寻求志同道合的朋友进行交流。数字阅读社区的出现为广大读者提供了一个更为便捷、广阔的交流平台，读者通过这个平台能获取更多与阅读相关的信息，数字阅读社区成为信息的聚集地。

读书交流社区是一个爱读书、好读书、想读书的人相聚的网上乐园。通过互联网，用户只需轻点鼠标，小击键盘，即可浏览他人所想，抒发见解，或创作，或交友，或辩论，并可与其他书友在线分享。正如古时文人以文会友，扬才露己，以表心态，今人借助发达的虚拟网络，比古人有了更为广阔的天地。

大多数的读书交流社区以论坛的形式存在，或者是我们所熟知的 BBS，通过注册登录即可加入。通常，大型的虚拟社区还会通过积分和升级制度吸引网友更积极地参与共享和讨论，自由、平等、民主、自治和共享是五大基本准则。读书论坛的匿名性，又保证了大众能够畅所欲言，在一定程度上消除了文学爱好者写作的功利性，生动鲜活的语言更是其主要吸引力之一。而读书论坛同样也具有相应的自律性，由版主进行管理，各位网友自主监督，具有明确的定位和独特的风格，是它们吸引各自用户群的魅力所在。

如今的互联网迎来了 Web2.0 时代，Web2.0 更注重用户的交互作用，用户既是网站内容的浏览者，也是创造者。每一个用户的行为必定也会在网络上造成对其他用户的影响，这使得用户参与的积极性得到提高，也催生了读书交流社区的出现。

豆瓣读书（book.douban.com）

豆瓣是中国 Web2.0 网站中十分具有特色的一个，提供图书、电影、音乐唱片的推荐、评论和价格比较。豆瓣为用户提供的"豆瓣读书"，板块分为"新书速递""最受关注书排行榜""电子图书"和"热门标签"等部分。用户点开板块中的某本图书，会有图书的基本信息，例如作者、出版社、出版年份、定价等，还有图书内容简介、作者简介以及读者对该书的评价。这些评价给将要阅读此书的人以有效的参考价值，同时也为读者提供了交流的平台。

豆瓣读书的网站设计风格清新简洁，可以通过分析用户的阅读和评价行为，从海量数据中挑选出用户可能感兴趣的内容，或者自动选出与读友兴趣相投的其他成员，进行个人推介，即"豆瓣猜"。也可以根据众多书友的评价和选择，列出排行榜单。书友也可以将书列入"购书单"，即可清楚地看到各大网络书店的价格对比，轻松选购。

读写人（www.duxieren.com）

"读写人"创建于 2008 年 10 月 9 日，是一个聚合了报刊书评专栏、书评博客、中英文读书资源的读书网站。

"读写人"网站的主要内容包括四大中文书评专栏报纸（《东方早报·上海书评》《南方都市报·阅读周刊》《晶报·深港书评》《新京报·书评周刊》）的最新文章，数十位书评作者的最新博客文章，国外出版新闻以及英文书评刊物、书评博客的最新内容。

可以说浏览"读写人"，读者就可以将眼下绝大部分的读书、书评网站资讯尽收眼底，方便快捷地筛选出自己想要读的内容。网站提供 RSS 订阅服务，提供分类浏览，具备查询书评作品的功能。

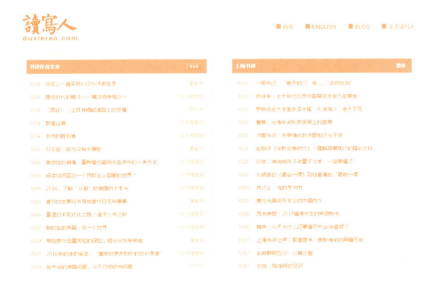

榕树下（www.rongshuxia.com）

我国的读书交流社区始于一个诗意的名字——"榕树下"，这是国内历史最悠久、最具品牌的一家以中国青年倾诉和表达思想、情感为主的文化时尚网站。

"榕树下"坚持"文学是大众的文学"，倡导"生活·感受·随想"，使文学通过网络这一快捷的载体真正变成了大众的文学，使许多爱好文学的人梦想成真。这里凝聚了一批在大众心中有影响力的作家，如安妮宝贝、韩寒、蔡骏、郭敬明、沧月、饶雪漫等。如今的"榕树下"以"华语文学门户"为定位，在原本文学网站的基础上，增加了群组、书评、试读等新功能，还为网友提供多功能的服务，成为一个传播文学、文化评论及原创写作的权威综合人文媒体，更凭借人气与实力举办过多次颇具影响的网络文学大赛。

天涯论坛"闲闲书话"（www.tianya.cn）

天涯社区创办于 1999 年 3 月，自创立以来，以其开放、包容、充满人文关怀的特色受到了全球华人网民的推崇。

"闲闲书话"是天涯社区自草创以来就有的栏目，早期名称为"书虫茶社"。"闲闲书话"是来自五湖四海的具有相同爱好的人们讨论书事的论坛，包括"书评文论""书余文字""书库文信""十年征文"等几个板块，其中不乏海外作家的文章，形成了一个精彩纷呈、有容乃大的书友世界。

2001 年，"闲闲书话"逐渐走向兴盛，书虫们会贴出自己的书单，通过书单分享聚书乐趣、交流图书信息；网友也会自发组织互相赠旧书的交流活动，现在的网络旧书交易市场正是成形于此；并且，书评书话圈内人情味浓厚，使得这里成为爱书的网友相识相知的家园。如今的天涯论坛已稍不如前了，浮躁、虚夸之风气渐起，网友的爱书热情多少受到一些打击。然而，"闲闲书话"作为一处清静的读书论坛，仍是许多读书人首选的去处。

第二节　在线知识问答

Web2.0 技术的发展为用户带来了获取知识方式上的革新，在线知识问答成为网络知识问答的主要方式。网络问答社区采用网络协作的方式，突破现有技术，将所有用户组成高效的社会协作网，网友们互相解决对方提出的问题。大部分网络问答社区采取的是"提问—网友回答—反馈"的模式，即用户通过交互平台提问，系统将其和知识库进行匹配，若匹配成功，则直接向用户推荐该问题；若用户觉得不满意，可以继续提问并公布。接着是其他用户的回答，除了提问者每个用户都可以对问题进行回答。最后提问者以选择最佳答案或者通过投票确定，如果无满意答案，可以选择关闭问题。最佳答案便被归为形成的知识，最后组成知识库，作为站内搜索引擎的信息源。还有一部分比较专业的问答社区采取的是"提问—专家回答—反馈"的模式。

百度知道（zhidao.baidu.com）

"百度知道"是用户自己有针对性地提出问题，通过积分奖励机制发动其他用户来解决该问题。同时，这些问题的答案又会进一步作为搜索结果，提供给其他有类似疑问的用户，达到分享知识的效果。

百度知道的最大特点，就在于和搜索引擎的完美结合，让用户所拥有的隐性知识转化成显性知识，用户既是百度知道内容的使用者，同时又是百度知道的内容创造者。在这里累积的知识数据可以反映到搜索结果中，通过用户和搜索引擎的相互作用，实现搜索引擎的社区化。百度知道也可以看作是对搜索引擎功能的一种补充，通过对回答的沉淀和组织形成新的信息库，其中信息可被用户进一步检索和利用，百度知道可以说是对过分依靠技术的搜索引擎的一种人性化完善。

天涯问答（wenda.tianya.cn）

天涯问答是天涯社区旗下的社交问答平台，用户可以根据自身需求提出问题、回答他人问题、关注感兴趣的话题，分享知识和经历，并与其他志趣相投的好友讨论和交流。在天涯问答，用户可以通过知识搜索，查找在日常生活、学习或专业方面遇到疑问的答案。注册天涯账号登录问答后，还可以与其他有共同兴趣的人交流。

新浪爱问（iask.sina.com.cn）

新浪爱问是一个中文智慧型互动搜索引擎，它突破了由谷歌、百度为代表的算法制胜的搜索模式。新浪爱问在保留了传统算法技术在常规网页搜索的强大功能外，以一个独有的互动问答平台弥补了传统算法技术在搜索界面上智慧性和互动性的先天不足。新浪爱问通过调动网民参与提问和回答，汇集千万网民的智慧，让用户彼此分享知识与经验。值得一提的是，新浪爱问所包含的许多答案，是新浪积累了12年的内容资讯，它集合了新浪各个频道的信息与资源，体现了新浪作为中文门户网站在内容上的强大优势。

为了使搜索结果更贴合用户的实际需要，新浪爱问独创了"内容直达互动"的功能，在网页搜索结果页面右侧，特别开辟了"直达特区"。如用户搜索"王菲"，在直达特区将出现王菲的照片、简介、歌曲下载，有关王菲的问题和答案。新浪爱问还包含了一系列人性化功能，如对视频搜索的支持，具有浓郁地区特色的本地搜索等。

知乎（www.zhihu.com）

知乎是目前国内最成功的社交问答社区。知乎的口号是"与世界分享你的知识、经验和见解"。用户在注册时可以选择感兴趣的话题和问题；用户在提问前可以先进行搜索，许多问题在知乎上已经有了解答；用户可以关注感兴趣的人，浏览他的提问及回答；用户可以在知乎上提出问题，也可以回答知乎上的问题。知乎圆桌模拟真实的嘉宾讨论，在确定的主题下设置一位主持人和四名以上经验丰富的业内人士参与，用户可以在主题下提问，邀请嘉宾回答或参与回答。知乎发现是由编辑为用户推荐近期的一些优质内容。知乎网是知乎内容的生产基地，大量优质社区内容的积累是知乎最宝贵的财富。随着知乎的发展壮大，以社区内容为基础，满足受众多种需求，出现了知乎日报、知乎周刊等衍生产品供大众阅读。

分答

分答是 2016 年 5 月在微信公众号上线的一款付费语音问答平台。用户关注"分答"公众号即可在分答平台上自我介绍或描述擅长的领域，设置付费问答的价格（1—500 元），其他用户感兴趣就可以付费向其提问，回答者用 60 秒的时长来回答。问答环节结束后，"游客"若感兴趣，可以继续付费 1 元钱"偷听"，所付的钱将由提问者和回答者平分。在分答平台上会聚着各行各业的专业人士，有知名的教授、制片人、艺术家、CEO、记者、主持人、演员、医生、作家，等等。

第三节　网络在线百科

　　百科全书是对人类过去积累的全部知识或某一类知识的书面摘要，有包罗万象的综合性百科全书，也有专科性百科全书。传统的纸质百科全书曾经是标准知识来源，但网络改变了这种格局，与查找厚重的纸质书相比，在线查询要便利得多。网络可以查询的百科全书有两种，一种是纸质百科全书的数字化，另一种是网友共同创作编辑的在线百科，如维基百科、互动百科等。传统百科全书每个词条都具有一定权威性，每个词条都是完成态的，在线百科的每个词条都是动态的、不断演化的，用户可以对词条进行修改和编辑。为了避免某些蓄意破坏和修改词条的行为，当某些知识条目的完善程度达到网络百科的一定标准之时，就可以通过锁定技术将编辑页面锁定，其他用户就不能随意进行编辑了。随着在线百科的影响越来越大，吸引了越来越多各界高素质的人士自发参与，使在线百科达到和保持较高的文化学术水准。虽然在学术和权威上，不及纸质版的百科全书，但是其时效性和动态性要更胜一筹，在内容上也具有较高的资料性和启发性。

互动百科（www.baike.com）

　　互动百科网是中文百科网站，创建于 2005 年 7 月 18 日。2010 年，互动百科首创"词媒体"概念，形成以"词"为核心传播内容的全新媒体形态，加快了媒体对于网络语言的传播和记忆速度。2012 年 12 月 4 日，出于资源优化需要，互动百科将之前的百科网整合成为网站的"小百科"频道，通过无限细分二级站点，更加系统、全面地诠释某一领域知识内容，满足用户对各个细分领域知识的了解需求。

　　互动百科通过全新的维基平台不断改善用户对信息的创作、获取和共享方式，形成了自身独特的网络百科词条编撰理念和体例，培养了一大批核心志愿者，通过大规模网际协作，完成了对不同专业领域知识的采集、整理以及提取，并以结构化体系形式呈现，积累了 1200 万个优质词条。

百度百科（baike.baidu.com）

百度百科是一部内容开放、自由的网络百科全书，其宗旨是创造一个涵盖各领域知识的中文信息收集平台。百度百科强调用户的参与，充分调动互联网用户的力量，汇聚上亿用户的头脑智慧，积极进行交流和分享。2012 年 9 月，百科学术委员会权威上线，推动了百度百科"专业精英＋热情网民"模式，为广大用户提供更为全面、系统、专业、权威的知识分享服务。百度百科中的数字博物馆通过音频讲解、实境模拟、立体展现等多种形式，让用户通过互联网即可身临其境般地观赏展品，更平等便捷地了解历史文化；艺术百科将艺术家、艺术作品、高品质的艺术展览等权威信息集合呈现到每个网民的面前，依托百度搜索强大的资源和百科大量的艺术家词条信息，使用户能简洁、快速、精准地得到感兴趣的艺术类信息；科普中国·科学百科结合百度百科强大的平台影响力以及中国科协 14 个学会及国内顶尖专家资源，在互联网上开辟出了一块丰富权威的科普阵地。

中国大百科全书数据库（e.bkzx.cn）

中国大百科全书数据库作品的主要内容源自《中国大百科全书》第一版和第二版。其中第一版按学科和知识领域分成 74 卷，共收 7.8 万个条目，5 万幅图片，计 1.26 亿字；第二版按字母顺序分成 32 卷，共收条目约 6 万个，约 6000 万字，插图 3 万幅，地图约 1000 幅。本数据库作品还可以根据用户需求，增加其他专业百科全书、地区百科全书的内容。该数据库运用现代传媒技术，将这些内容进行重组再现，并提供方便易用的检索手段。

中华百科全书（ap6.pccu.edu.tw/Encyclpedia/）

《中华百科全书》是一套中文百科全书，总计 10 册，自 1981 年 3 月开始陆续出版，至 1983 年 7 月完成，全书共分为 38 种类别，各条目采用辞典形式综合编排，辞目 1.5 万余条，是由台湾中国文化大学创办人张其昀博士倡导编辑的。

2004 年起，《中华百科全书》经由数字典藏后，为提高百科全书知识提供的方便性，通过有系统、数字化的整合与应用，《中华百科全书》提供超级链接、超媒体，方便浏览典藏知识，快速搜寻等功能。所有文字均未做更动或增删，图片及表格直接从纸本上扫描为图档，借以呈现当年最原始的资料。所有词条依据赖永祥"中国图书分类法"重新分为十大类，并就部分内容作修改更新，图形、地图以向量方式重新描绘上色，并结合故宫等多个典藏单位，提供多媒体影音内容。

维基百科（www.wikipedia.org）

维基百科是一个基于维基技术的全球性多语言百科全书协作计划，同时也是一部用多种语言编成的网络百科全书。截至 2015 年 11 月 1 日，维基百科条目数第一的英文维基百科已有 500 万个条目。全球所有 280 种语言的独立运作版本共突破 3700 万个条目，总登记用户也超越 5900 万人，而总编辑次数更是超过 21 亿次。

不列颠百科全书（www.britannica.com）

《不列颠百科全书》（Encyclopedia Britannica），又称《大英百科全书》，被认为是当今世界上知名和权威的百科全书，也是世界三大百科全书之一。1771 年在苏格兰爱丁堡出版，共三卷，以后不断修订出版，1941 年版权归美国芝加哥大学所有，现由总部设在美国芝加哥的不列颠百科全书公司出版。该书由世界各国、各学术领域的著名专家、学者（包括众多诺贝尔奖得主）为其撰写条目，几乎囊括了对人类知识各重要学科的详尽介绍和对历史及当代重要人物、事件的翔实叙述，其学术性和权威性为世人所公认。2012 年 3 月停印纸质版，全面转向数字版。

哥伦比亚百科全书（www.bartleby.com）

《哥伦比亚百科全书》（Columbia Encyclopedia）是哥伦比亚大学出版社出版的百科全书，现已绝版。该书首次出版于 1935 年，1950 年和 1963 年曾两次大幅修订，现版本为第六版，2000 年印刷。书中有 5.1 万个条目，总计 650 万个词。网络上有该百科全书的数个不同的网络版，可免费使用。

加拿大百科全书（www.thecanadianencyclopedia.com）

《加拿大百科全书》（The Canadian Encyclopedia）是一部有关加拿大的百科全书，有英法两种语言版本，每种语言约有 1.4 万篇文章。第一版有三卷，1985 年出版，成为当时的畅销书。增订版于 1988 年出版，现在有免费的网络版本。

自媒体的定义由美国的谢因波曼与克里斯威理斯两位学者提出，他们认为自媒体是普通大众经由数字科技强化、与全球知识体系相连之后，一种开始理解普通大众如何提供与分享他们本身的事实、他们本身的新闻的途径。随着信息技术的发展与信息化程度的提高，BBS、播客、博客、微博、微信、社会性网络服务等普通大众提供与分享他们本身的事实、新闻的自媒体平台大量涌现，私人化、平民化、自主化的传播者们通过这些平台随时随地用文字、声音或图像在互联网上传播信息。随着自媒体的关注度越来越大，在各类自媒体上涌现出了庞大的阅读资源，其中不乏优秀的阅读资源，值得我们利用碎片化的时间去阅读，去分享交流。

一、博客

博客的兴起，来源于网络技术的变革。随着网络进入 Web2.0 时代，原来由门户网站等自上而下地集中控制与发布信息资源的互联网体系开始快速转变，由广大用户自下而上地参与到互联网中组织与传播信息越来越多。每一个互联网的用户，都可以成为信息资源的创造者或提供者，每个人都可以贡献自己的思想和智慧，网络生活从此揭开了新的篇章。

博客是 Blog 的音译，Blog 是 Weblog 的简称，是在网络上的一种流水记录形式，简称"网络日志"。有的称为"网志""网录""部落格"等，在我国基本统一称博客。Blogger 或 Weblogger，是指习惯于日常记录并使用 Weblog 工具的人。博客类似于个人主页，是一种自媒体，可以更换主题面板，嵌入音乐播放器、视频播放器和站外链接。论坛（BBS）好比是一个开放的广场，博客则好比是开放的私人空间。

博客存在的方式，一般分为三种类型。一是托管博客，无须自己注册域名、租用空间和编制网页，只要去免费注册申请即可拥有自己的博客空间，如各大门户网站开设的博客即属此类；二是自建独立网站的博客，有自己的域名、空间和页面风格，需要一定的条件；三是附属博客，将自己的博客作为某一个网站的一部分（如一个栏目、一个频道或者一个地址）。这三类博客之间可以相互转变，甚至可以兼得。

博客是记录心情的网络日志，可以发表自己的想法，描述和表达自己的见解，记录生活中的琐事，将个人工作过程、生活故事、思想历程、闪现的灵感等及时记录和发布，可以是流水账式的，也可以是一些思绪和感悟。博客为普通网民提供了自由上传作品和存储、订阅网上内容的海量空间，这些空间进行着信息生产、积累、传播和共享，标志着社会大众进行网络内容创作的主体地位的形成。

博客能够广泛结交朋友，是一个很好的交流讨论平台。让网络上的朋友更好地了解自己，在网络上展示自己，和天南地北的朋友们进行更好的交流。日志一发表，关注的人就能看到。有时，一篇日志可能会得到不知名的朋友非常高的评价，也是一种特别的感受。博客同时也是了解他人的重要工具，通过博客可以结识许多陌生的朋友，以文会友，与各类朋友进行深度沟通和交流。

博客能够体会分享的乐趣，实现知识过滤与积累。博客具有资料收集的功能，可以上传图片、写文章、传视频，或者充分利用超文本链接的特点，收藏自己喜欢的东西，记录网海遨游中的点点滴滴，精选并链接互联网中最有价值的信息、知识与资源，和朋友共同分享。博客可以是以超链接为主的网络资源，也可以是具体的文章，相当于网络上的个人文摘，查找资料和存储资料更加方便快捷。

博客还可以是一个私密的空间，作为自己的小天地，书写自己的心情，也许不一定是写给别人看的，只是自己思考一下当天的事，记录心中的所思所想，成为以后美好的回忆，方便、快捷又安全。有不少博客空间可以将部分文章设为私有，这样，博客就相当于秘密的个人日记了。

新浪博客采取了名人博客战略，通过邀请大量名人进驻带动人气，以吸引更多的普通用户使用。搜狐博客提倡各种博客群的建立和培养，尤其重在以当年同学录的形式营造新的网络社会。网易博客也是国内较早提供博客服务的门户站点，强调游戏与个性理念，着眼于聚集年轻一代群体。百度空间以稳定快速和搜索博客为特点，同时结合贴吧、知道等社区，建立信任和互动为基础的网络社区。此外还有博客大巴、QQ 空间、天涯博客等。这些网站在博客服务方面的大力推广，让博客快速地进入普通网民的生活。

有的网站为了加强用户黏性，吸引更多有共同志趣和爱好的朋友加入，还提供了建立博客圈的功能。博客圈是由博客网站上主题相同或相近的博客组成的圈子。有的网站叫作博客群。博客圈里的成员一般都有相同的爱好，有共同关心的话题，相同的博客圈博友之间的互动会多一些。一些网站将博客圈所有的文章按发布时间显示在共同的页面里，以方便阅读。有的网站则将博客圈的链接放到个人博客上，相当于"群发信息"。如新浪网的博客圈和搜狐圈子。

博客最大的特点是其草根性。在千千万万个草根博客中间也有不少名人博客。如新浪博客中有熊丙奇、徐小平、王金战、周国平、刘墉、易中天、叶永烈、冯骥才、张贤亮、孔庆东、止庵、曹文轩、阿忆、韩寒等；搜狐博客中有李阳、郎咸平、张朝阳、潘石屹等；QQ 空间有周鸿祎、陈一舟、张亚勤等。这些名人博客中往往都有丰富的内容，凭借博主在现实社会中的名气，能够吸引广泛的眼球，博客阅读者可以通过文字与这些名人进行交流和互动，充分体现"自由、开放、共享"的博客精神。

新浪博客（blog.sina.com.cn）

新浪博客是新浪网旗下的博客网站，于 2005 年正式上线。任何人都可以注册博客，完成个人网页的创建、发布和更新。博客充分利用网络互动、更新及时的特点，让人最快获取最有价值的信息与资源，发挥无限的表达力，及时记录和发布个人的生活故事、闪现的灵感等，更可以文会友，结识和会聚朋友，进行深度交流沟通。新浪博客继承了博客的这种特点，开辟了娱乐明星博客、知性的名人博客、动人的情感博客、自我的草根博客，等等。新浪博客的单篇文章发表字数限制为 20000 字符（10000 汉字），字符数量包括代码、标点符号、文字颜色、字体大小以及图片、空格等。博客的基本模块包括访客、好友、留言、评论、分类；新浪博客的特色模块包括相册、音乐、播客、博主问答；活动模块包括我的记录以及近期举行的各种活动资讯。

网易博客（blog.163.com）

网易博客是网易为用户提供个人表达和交流的网络工具，于 2006 年 9 月 1 日上线。用户可以通过日志、相片等多种方式记录个人感想和观点，还可以共享网络收藏。用户可以选择喜欢的风格、版式，添加个性模块，更可全方位满足用户个性化的需要。网易通行证用户、163 邮箱、126 邮箱、188 邮箱用户均可通过原用户名登录创建博客。网易博客具有以下特点：一是速度快，由于采用流行的 ajax 技术，数据交换异步执行，网页跳转快；二是相片、日志储存空间大；三是稳定、高效，通过海量数据的分布存储、处理和检索，保证用户使用稳定高效；四是简单易用，博客支持首页模块、在线编辑、隐私保护、访问量二维显示等多种功能。网易博客除了具备一般博客产品的特性外，博客首页可以展示好友、关于我、相片、自定义 html、音乐播放器等多种模块，模块可随意拖放，相片可以在线编辑。此外，网易博客还引入了强大的标签搜索功能，包括全文、日志、图片、音乐、作者搜索等。网易博客提供六种浏览相片的方式，可以通过邀请、查找和浏览三种方式添加好友，同时还添加了网易手机博客的功能，让用户随时随地登录博客，发表心情。

搜狐博客（blog.sohu.com）

搜狐博客创建于 2005 年 11 月 15 日。搜狐博客是一个信息发布和传递的工具，并具备网络直播的栏目，集合了微博、圈子、互动平台、模块、视频、相册、小纸条等多层功能，形成独一无二的宽视角、多角度、全方位的媒体平台 + 互动平台。搜狐博客具有以下特点：身份识别，搜狐全站通过唯一的用户名和通行证，拥有自己特有的身份 ID；集成发布，个人中心发布台，博客、微博、相册、圈子等多种工具集成发布；一键跟随，更方便，更快捷；用户通知提醒，全站统一的消息通知系统。

腾讯博客（blog.qq.com）

腾讯博客即 QQ 空间，随着 QQ 空间的功能完善，腾讯随即对部分用户进行博客升级，升级之后的空间被列入腾讯名博行列。腾讯博客构架看上去和 QQ 空间相同，但是却是腾讯 QQ 空间的升级版本。腾讯博客又名"精英博客"或"腾讯名博"，申请者必须是某一领域的专家或是社会名人。腾讯博客分为娱乐、体育、时尚、文化、思想、情感、财经、社会等 20 多个栏目。各栏目有各自的负责编辑和管理人员，负责审核和推荐有价值的博客内容到腾讯博客首页等腾讯门户网站。

二、微博

微博，即微型博客的简称，是一个基于用户关系的信息分享、传播以及获取平台，用户可以通过 WEB、WAP 以及各种客户端组件，以 140 字左右的文字更新信息，并实现即时分享。相较于博客而言，微博则要轻松自如随意得多，用户可以随时随地用各种方式表达自己的想法及动态。世界上最早也是最著名的微博是美国的推特（Twitter）。2009 年 8 月，新浪网推出"新浪微博"，成为国内门户网站中第一家提供微博服务的网站，微博正式进入中文上网主流人群视野。目前国内此类网站有新浪微博、腾讯微博、网易微博、搜狐微博、人民微博、凤凰微博等。

新浪微博（www.weibo.com）

新浪微博是一个由新浪网推出的提供微型博客服务的网站。用户可以将看到的、听到的、想到的事情写成一句话，或发一张图片，通过电脑或者手机分享给朋友，一起分享、讨论。还可以关注朋友的微博，及时获取朋友的最新信息。新浪微博具有以下主要功能：发布功能，用户可以像博客、聊天工具一样发布内容；转发功能，用户可以把自己喜欢的内容一键转发到自己的微博，转发时还可以加上自己的评论；关注功能，用户可以对自己喜欢的用户关注，成为这个用户的关注者，即"粉丝"；评论功能，用户可以对任何一条微博进行评论或者点赞；搜索功能，用户可以在两个 # 号之间，插入某一话题，如 # 某某话题 #，则发出的微博，通过点击这一话题，自动搜索微博上所有的包含该话题的微博，实现信息的聚合；私信功能，任何开放了私信端口的用户都可以收到别人发送的私信，这条私信将只被收件方看到，保护用户的隐私。

腾讯微博（t.qq.com）

腾讯微博由腾讯公司推出，提供微型博客服务的网站。通过网页、手机、QQ 客户端、QQ 空间以及电子邮箱等途径使用腾讯微博，用户不仅可将 QQ 聊天窗口中的信息一键分享至微博，还可将微博平台上有价值的资讯通过快捷操作，即时分享给 QQ 好友、QQ 群友，限制字数为 140 字。腾讯微博有"私信"功能，支持网页、客户端、手机平台，支持对话和转播，并具备图片上传和视频分享等功能。同时，还具有微博主体的草根性、传播内容的迷你性、传播介质的多样性、传播速度的即时性、传播效果的裂变性、传播模式的独特性等特点。

三、微信

微信是腾讯公司在 2011 年 1 月发布的一款手机通信软件，它支持通过手机网络发送语音短信、视频、图片和文字，可以单聊及群聊，还能根据地理位置找到附近的人，带给用户全新的移动沟通体验。此后，微信用户数量以迅猛的速度增长，如今几乎已经成为智能手机的必备软件之一。据统计，在数字阅读中，微信阅读最为普及，有 51.9% 的成年国民在 2015 年进行过微信阅读，同比增长 17.5%，增幅超过 50%。

微信公众平台是在微信的基础上新增的功能模块，通过这一平台，个人和企业都可以打造一个微信公众号，并实现和特定群体进行文字、图片、语音的全方位沟通、互动。其中服务号只面向企业或组织机构申请注册。任何组织和个人可以申请公众号的订阅号，建立自媒体，并通过后台管理进行图文信息编辑、语音和视频采集，然后群发给订阅该公众号的人（以下称为"粉丝"）。订阅号每天可推送一次信息，每次可以推送多条相互独立的图文内容。尽管当前订阅号的质量良莠不齐，但不可否认规模庞大的订阅号，已经成为微信网络中信息的重要来源。订阅号的运行与传统媒体报刊相似：用户主动订阅，定时推送。与微博不同，订阅号与粉丝之间是私密的，其信息传播和交互都是一对一的，微信公众号将信息定时推送到用户手机上。

随着微信公众号的迅速增长，也显示出微信公众号的巨大商业潜力，广告招商成为公众号运行的利益来源。为了扩充自己的内容，抄袭其他公共平台的内容成为常态，抄袭也成为掣肘微信行业生态发展的毒瘤。抄袭暴露出了公众号内容缺失问题，市场在缺乏标准规范下无序竞争。要拨乱反正，完成版权保护，需要团结各方力量。政府部门要智慧监管，发挥领导作用；微信平台要责任管理，运用技术优势，完善版权保护手段；公众要积极参与，激发举报热情，支持原创。要还网络一个清朗空间，网络版权保护是重中之重。

读书类微信公共号

不止读书（buzhidushu）：书友魏小河创立的自媒体阅读公众号，"不止读书"关注图书、电影、书店、作家、读书会，希望通过该公众号宣扬"不止读书，读书不止"的阅读态度。

六根（liugenren）："六根"代表六个媒体人——李辉、匡政、绿茶、皓月、老武、潘采夫。"六根"推出"脚根""地根""酒根""诗根""忆根""书根""球根""情根"等栏目，写游山玩水的文字，贴吃喝玩乐文章，听百年历史回声。每周六篇，周日休息，突出情趣、文化和思想。

绿茶书情（greenteabooklist）："绿茶书情"主编绿茶原为中信出版集团副总编辑、信睿周报总编辑。2010年8月28日，绿茶创办电子月刊《绿茶书情》，主张"阅读需要分享"。后在微信开设公众号，设置"读行书""介读所""未来书端""绿茶书情""书情日录""书观察""晒书单""读易洞""读书日"等栏目定期发布阅读相关信息。

小刀崔（readcui）："小刀崔阅读馆"由电视台记者崔澄宇创办，主要传播kindle电子阅读的前沿趋势与使用技巧，分享优质的电子书资源。他希望通过分享阅读，让读书从此不是一个人的狂欢。

新周书房（NeweeklyBB）："新周书房"是一处地点、一个文化沙龙、一档视频节目。设置有"书房·话题""书房·听""书房·树洞""书房·刷新""书房·晚安""书房·看吧""书房·微卖""书房·推荐"等专题，为用户推送有关图书、电影、人物、行走等阅读相关内容。

做书（ipublishing）："做书"旨在为出版从业者及感兴趣者提供有见地、有价值、可操作的知识或经验。做书关注版权、纸质阅读、电子阅读、书店、全球图书市场，既关注专业编辑的关注品位，也考虑到普通读者的阅读爱好。推送的信息集合知识性和趣味性为一体。

Across穿越（i_Across）：《南方人物周刊》旗下人文地理读本微信公众号，以"把世界卷起来，让精神跟上你的脚步"为口号。在微信公众号中开设"穿越推荐""电子杂志""微店"栏目，推送有关旅行、人文地理、图书及周边。公众号中推荐的文章内容涵盖游记、旅游攻略、美食推荐、人文地理书籍推荐，多节选自《ACROSS穿越》纸质本，为了提醒读者不要忘记纸质阅读，编辑会在文末附上一句——想阅读足本，请购买本刊。

楚尘文化（ccbooks）："楚尘文化"以"阅读，让一切有所不同"为口号，倡导优质阅读和文艺生活，每日为公众推送阅读信息。以独特的视觉，深度挖掘"作家、诗人、摄影、艺术家、哲学、学者、阅读、节日和节气、星座、美食、旅行、怀旧、情感、民间·民刊"等内容，推出"大家访谈""文艺专题"和"热门关键词点播阅读"。同时，以专题、专人形式，推送新书。

拇指阅读（muzhiyuedu）：拇指阅读APP是一款集看书、找书、交友于一体的读书利器，"拇指阅读"是其微信公众号。主要推送国内出版社重点新书资讯，并倡导热门话题背后的经典导读。公众号开设免费阅读、推荐、搜书等功能，为读者每日放送电子书。

鲤 newriting（newriting200806）："鲤 newriting"是主编文学杂志《鲤》的青年作家张悦然开办的公众号，以"鲤主题书""艺文选"和"专题"为读者奉上"鲤 newriting"最新一期主要看点，作家专访，节选书中精美文字或章节，分享热门作家新作或名家名作。

东西文库（dongxiwenku）："东西文库"致力于"第三种文化"的思考、传播与交流，已出版《失控》《技术元素》《字体故事》等图书。其微信公众号致力于推动互联网、科技、商业、媒体、电子阅读等领域的互动，发布科技、金融、语言、数学、医学等领域最新信息。

读易洞（duyidong2006）：读易洞系北京一家家庭经营式的社区书店，自认为是一家以生活为主的业余书店，其微信公众号中主要推送读易洞原创的文章，并作为活动公告平台而用。

罗辑思维（luojisw）：由资深媒体人罗振宇创建，每天早上 60 秒语音，用文字回复语音中的关键词可阅读文章，每周五更新发布一个视频，公众号为用户提供一种独特的思考方式。

爱范儿（ifanr）：爱范儿是一个聚焦新创和消费主题的科技媒体，成立于 2008 年 10 月，关注移动互联网，集中报道创业团队、新潮的智能手持及互联网应用，对业界生态、智能产品及移动应用有着深刻的理解，致力于"独立、前瞻、深入"的原创报道和分析评论，将大量第一手 TMT 新酷理念和信息传达给读者。

慢书房（mansuzhou）：慢书房是一个位于苏州古城深处的独立书店，以"繁华静处遇知音"的读书理念，为读者打造读书、论道、品茶、慢悟、知遇的读书氛围。

读首诗再睡觉（dushoushizaishuijiao）： 读睡工作室是一个时尚动感小清新、高端大气国际范儿的诗歌传播团体，鼓励起床刷牙、便后洗手、睡前读诗，以微信为基地，每晚 22∶00 向公众推送一首诗歌，并配以各版本朗读录音。

第六章

青少年数字阅读

在数字化时代，数字阅读发展迅速，成为一种重要的阅读方式，"数字阅读"这一命题引起了社会、学界甚至政府的关注。数字阅读冲击着传统阅读，给我们从未有过的便利和快捷，但同时鱼龙混杂的阅读资源给人们造成了困扰，特别是对于缺乏判断能力的青少年。青少年作为国家未来发展的主力军，他们的健康成长对社会和国家发展十分重要。关注青少年数字阅读，给青少年成长过程中提供丰富营养的数字阅读资源，有助于促进青少年健康成长。

青少年期是从未成熟的儿童向成人世界转变的过渡期，是在身体和精神方面都获得飞跃发展的重要时期。[①]学界对青少年的界定是"仁者见仁，智者见智"，我国相关法律对青少年没有统一而明确的界定，不同学科对青少年概念的解释以及对青少年的界定也有所不同。我们可以根据需要，按不同标准把青少年读者划分或组合成不同的读者群。在本书中以学业阶段为标准，把青少年划分为幼儿读者（0-6岁）、小学读者（6—12岁）和中学读者（12—18岁），以指导不同学业阶段的青少年数字阅读。

---

① 张汉强.青少年阅读心理学概论.武汉：武汉出版社，2008：169.

数字阅读时代，青少年获取信息的方式转向依赖于网络。数字资源极大丰富，数字阅读是一把双刃剑，一方面让阅读不再受时空限制，这种阅读一般信息量较大、刷新速度快、形式多样、交互性强；另一方面浅阅读、泛阅读、快餐阅读兴起。[①]对于新媒体环境下的青少年阅读，要加强对他们的阅读指导，帮助他们正确使用网络，体味数字阅读的乐趣。通过了解不同年龄阶段的青少年成长规律和阅读需求，为其提供相应的数字资源，并且强调即便是阅读数字化著作，也要结合传统阅读方式，引导他们多思考、多提问，激发他们的求知欲。

中国海洋大学教授朱自强概括当下青少年阅读现状：功利性阅读多，情趣性阅读少；"浅阅读"多，"深阅读"少；图像阅读多，文字阅读少。

一、功利性阅读盛行

功利性阅读即以应付考试为重心，只注重课程学习以及教参、教辅之类的电子书阅读。长期以来，我国社会的主流意识认为读书是为了求就业、求仕进、求显达。阅读总体上停留在精英层面，并没有形成全民阅读的好传统。一元化的文化主导和"学而优则仕"的功利性读书诉求，限制了国民阅读多元化。功利性阅读的形成主要受家长引导和应试教育的影响。

家长对孩子的不合理引导也会导致孩子的功利性阅读。功利性因素在青少年阅读行为中占据不容忽视的位置，往往在儿童时期的认知过程中，功利性意识便开始扎根。家长的不合理引导在孩子早期阅读概念中形成"要对学习有帮助"的

---

① 李新祥，王晓 . 我国青少年阅读面临的四个困境 . 出版广角，2014（14）：28—30.

印象，家长会对子女用在学习以外的"闲书"的心思加以限制，要求子女时刻保持竞争意识。学校和家庭的双重压力使得这个时期的阅读概念越显狭窄，甚至成为学习知识考取成绩的代名词，也就形成了图书阅读量大但教辅占主导的现象。随着学龄的增长，功利性的思想被进一步放大。

受应试教育的影响，孩子面临升学压力，不得不选择面对现实。在现行的教育体制下，青少年学生读书与应试还是分不开的。这也是所谓的"现实原则"，亦称作"唯实原则"，由著名心理学家弗洛伊德提出。弗洛伊德认为，作为人格中理性部分的"自我"力图控制非理性的"本我"的原始冲动，使人正视外部的事实条件和社会现实状况，知道追求和避免什么，合理地延缓与减轻本能的满足，以减弱与社会现实的冲突，确保自己的生存。[①]部分学生想阅读立竿见影，家长希望孩子考试得高分，这些占用了本该属于孩子课外阅读的宝贵时间。应试教育只能让孩子远离个性阅读。在学校，学业的逐渐紧张不断挤占学生的有限时间，使得他们缺乏余力去涉足课外阅读。

急功近利的阅读心态限制孩子的阅读范围，大量地阅读与考试相关的书籍使孩子逐渐失去阅读兴趣，只选读对考试有帮助的、与作业和习题相关的、学校要求的书，而缺乏在青少年阶段的文化性书籍、知识性书籍的阅读。这样的做法既压制了青少年的求知欲，违背了该年龄阶段孩子的心理发展规律，也强化了阅读的功利性倾向。功利性阅读容易导致孩子阅读面窄，并逐步丧失阅读兴趣。[②]

二、休闲阅读占比多

休闲阅读即将阅读当作生活中的一种娱乐消遣，追求精神上的愉悦。以修身养性、放松身心为目的，通过休闲阅读行为，获得心理的愉悦，开发人的潜能，

---

① 余源培，等.哲学辞典.上海：上海辞书出版社，2009：197.
② 刘艳.青少年阅读现状分析与思考.图书馆研究与工作，2013（2）：44—45.

可以满足个人精神层次的提升的要求。①

为了缓解繁重学业带来的压力，青少年更倾向休闲阅读。青少年在应试教育下消耗大量的精力和时间，他们无暇顾及需要投入时间和大量思考的经典阅读，更谈不上细细品味具有深度艺术内涵的作品，而是偏向于将不多的闲暇时间投向卡通动漫、笑话、小说等娱乐、轻松类书籍。

受"快乐原则"，亦称作"唯乐原则"的本能驱使，青少年更加追求一种自我享受和放松的阅读。"唯乐原则"由著名心理学家弗洛伊德提出，是人的心理活动的原则之一，与"现实原则"相对立。弗洛伊德认为，人格中的"本我"（性本能）自始至终都以追求满足、获得快感、避免痛苦为唯一目的。②休闲阅读则是在快乐原则驱动下的一种个性化的阅读，是青少年自愿、自觉进行自我学习、自我娱乐、自我享受的文化活动。因此无论是青少年还是成年人，出于本能的反应和需求，都会偏好休闲阅读，以放松身心，满足精神需求，达"自娱自乐"之目的。

休闲阅读存在广泛性、趣味性，且一般不带有明确功利性，基本上是凭自己的兴趣去阅读不同类型的书刊，如文学、艺术、历史、军事、自然、科学等，能获得丰富的知识，提升个人涵养。③休闲阅读具有娱乐、休息的作用，青少年可以在阅读中自我释放、自我抒发，通过阅读达到精神上的满足和快感。但同时也存在一些对青少年有害的淫秽、色情、暴力等内容，造成青少年沉迷网络、过于早熟、道德偏差等问题。因此，加强对青少年数字阅读的指导十分重要。

---

① 魏艳霞.公共图书馆休闲阅读推广研究.天津：南开大学，2011：21.

② 余源培，等.哲学辞典.上海：上海辞书出版社，2009：197.

③ 万群华，胡银仿.新环境下图书馆建设与发展（下册）.武汉：武汉出版社，2007：480—483.

三、盲目阅读大量存在

盲目阅读即缺乏阅读引导，没有明确的阅读目的，不知道该读什么书，怎样去读，缺少阅读动力。青少年处于一个发展不成熟的阶段，无论是学习的方法，还是阅读的倾向，都没有明确的目标。即便有阅读的兴趣，往往是跟随别人的兴趣或者社会潮流。很多青少年感兴趣的图书类型基本是小说、动漫、娱乐等方面的，其他图书类型很少涉猎。还有部分青少年听别人说某本图书比较好看，于是便去看，但是却没有自己的独特见解。

加上目前许多家庭教育和学校教育，缺乏对孩子的阅读引导，在数字化时代更是缺乏对数字阅读的指导。无论是社会还是家庭，在引导孩子阅读方面都是缺位的。处于发展阶段的孩子本身的自我判断能力有限，自我兴趣挖掘还不够，这时的阅读是需要积极引导和规范的。而现实的状况是孩子的阅读大多是迫于应对各种考试，缺乏阅读的自主性，不知道该读什么书，也缺乏阅读动力。即使有孩子对阅读有浓厚的兴趣，因为无人指导，不知道怎样去读，仅凭自己的兴趣和爱好，即使再有营养的书，如果不掌握基本的阅读方法和技巧，也只会是一种盲目阅读，通过这样阅读获取的知识往往是有限的。

盲目阅读，对缺乏判断能力的青少年成长带来不良的影响。数字化时代，信息种类繁多、数量庞大、内容良莠不齐，导致了青少年阅读的困难。网络的开放性使网上信息缺乏来自政府和舆论的有效控制和监督，信息内容五花八门、良莠不齐，黑色文化、黄色文化、灰色文化，这些对思想尚不成熟，价值观正处在形成阶段，学习和模仿意识又特别强的青少年来说，容易引起思想上的混乱。网络阅读的充分自由使得多数青少年仅凭兴趣选择阅读，导致阅读内容片面化，影响认知结构的完整性。与传统阅读相比，网络阅读内容精华少得多，不利于培养青少年的人文素养，形成完善健全的人格。因此，在数字化时代，培养孩子对阅读好坏的自我判断，加强对孩子数字阅读的指导，培养孩子良好的阅读习惯，指导孩子如何进行阅读是现在青少年阅读面临的重要问题。

四、"浅阅读"现象

"浅阅读"即阅读方式肤浅、片面，多以浏览标题、图片等为主，缺乏思考和研究。[①]一方面，随着现代化技术的快速发展，网络拓展了阅读的空间和渠道，与纸质阅读的单一方式相比，网络环境下人们的阅读方式发生了重要变化。出版物虽然种类繁多，但大多随波逐流，优秀品种严重匮乏。更重要的是，社会的急剧变化使得人们的生活和工作节奏加快，压力增大，读书兴趣受到压抑，读书时间得不到保证，传统的阅读方式，变得可望而不可即。在这种情形下，以网络浏览为主要手段的"浅阅读"，以图文书刊为主要对象的"轻阅读"，以博览群书为主要特征的"泛阅读"正在取代"深阅读""精阅读"和"经典阅读"，成为当今时代大众阅读的潮流。

当信息生产量呈几何级数增长时，人们比以往更加需要浏览式阅读来满足阅读需求。快餐式、浏览式、随意式、跳跃式、碎片式的阅读方式正好迎合读者。网络信息资源无限丰富，有强大的检索功能；网络资源形式多样，娱乐性强；网络阅读的交互性体验也是传统阅读所不及的。但是，网络是一把双刃剑，丰富与芜杂、自主与盲目、直观与浮躁都是一体两面的。[②]网络时代各种媒体带来了海量信息，要更多更快地获取信息，就唯有牺牲阅读的深度，就不可避免地出现了"浅阅读"的流行，它符合大众流行文化的基本特质，迅速享用，迅速阅读。

网络阅读对青少年来说更像是一个放松精神、休闲交流的渠道。快餐文化已经成为一种潮流趋势，新媒体的出现正好迎合了当前青少年的心理需求。目前很多青少年不是不喜欢阅读，而是传统阅读方式的局限性导致青少年不能积极利用时间。而新媒体的出现，不仅适合阅读的现代化特征，也适合青少年的心理诉求。

① 高岩.公共图书馆推广青少年数字阅读探要.河北科技图苑，2014（5）：84—86.

② 徐雁.全民阅读推广手册.深圳：海天出版社，2011：357—358.

新媒体阅读，指的是在信息化时代衍生的一种阅读方式，一般是依靠各种数字平台、终端等，阅读者以数字化形式获得知识并且传递知识的过程。新媒体阅读的范畴主要有在线阅读、手机阅读、电子书阅读等，这种阅读一般信息量较大、刷新速度快、形式多样、交互性强。当前很多青少年已经开始使用各种新媒体进行阅读，也逐渐接受这种阅读方式，这对传统媒体是一种颠覆。

随着信息技术、网络技术的快速发展，开展青少年阅读辅导和信息素养教育是必然趋势。阅读对于一个人的素质培养和精神成长有重要意义。我们有必要采取一定的措施来应对这些挑战，为青少年阅读创造更好的外部环境，主动介入青少年数字阅读，激发阅读兴趣、满足阅读需求、提高阅读能力、培养阅读习惯，使青少年亲近阅读、喜爱阅读、快乐阅读、健康阅读，为青少年的健康成长做出不懈努力。

第二节　幼儿数字阅读资源

《辞海》对"幼儿"年岁的界定是1—6或1—7岁；《教育大辞典》对"幼儿教育"的界定为3—6岁儿童的教育，属学前教育的一个阶段；世界大多数国家对"幼儿"年岁的界定为0—6岁。本节"幼儿"按照国际惯例指0—6岁的儿童。本部分的数字资源是针对幼儿的学前阅读和教育资源。

中少快乐阅读平台之乐悠悠婴儿馆（zss.dglib.cn/lyy.aspx/）

乐悠悠婴儿馆是中少快乐阅读平台的分支，隶属于中国少年儿童新闻出版总社，以《婴儿画报》为阅读资源。《婴儿画报》创刊于1985年，与五大著名儿童文学家与十位知名儿童插画家强强联手，为0—3岁儿童提供阅读内容。网站按《婴儿画报》的内容类型分为"小故事""儿童歌谣""小百科"，还有"视听乐园"和"小游戏"。"小故事"分为"好习惯故事""好品质故事""亲子安全故事""温馨故事"；"儿童歌谣"分为"好习惯儿歌""好品质儿歌""嘟嘟熊儿歌""亲子游戏儿歌"；"小百科"分为"乐悠悠小百科""认知故事""认知儿歌"；"视听乐园"分为"婴儿画报""嘟嘟熊画报""幼儿画报"；"小游戏"共"连连看""找影子""涂色""拼图""连线""找不同"六种游戏。网页下方有"最新产品""妈妈推荐""专家推荐"三个栏目。

网站资源内容丰富，可自由选择不同主题的阅读，有声阅读，方便婴儿学习。其中亲子互动阅读的部分，更是可以帮助孩子与家人互动，增进交流。《婴儿画报》主题阅读，明确适用年龄，画风清晰可爱、颜色丰富，教孩子从小认知周围事物，切合婴儿发育特点，不失为孩子成长的启蒙读物。网站设计充满童趣，电子书制作精美，是一个高质量的婴儿阅读网站。

中少快乐阅读平台之红袋鼠幼儿馆（zss.dglib.cn/hds.aspx/）

红袋鼠幼儿馆是中少快乐阅读平台的分支，隶属于中国少年儿童新闻出版总社。网站以《幼儿画报》《嘟嘟熊画报》为主要阅读资源，主要有"故事天地""认知启蒙""视听乐园""益智游戏"四个项目。"故事天地"分"排行榜""益智故事""温馨故事""认知故事"和"科幻故事"；"认知启蒙"分"排行榜""学前语文""学前数学""儿歌童谣""红袋鼠知识库""国学启蒙"；"视听乐园"分为"嘟嘟熊画报"和"幼儿画报"；"益智游戏"共"连连看""找影子""涂色""拼图""连线""找不同"六种游戏。

网站资源适合3—6岁幼儿，阅读资源和种类多，网页充满童趣，支持在线有声阅读。不仅有幼儿喜欢的故事，基础的国学阅读材料，更有基础的数学和语文，为孩子上学做学前准备。

国家少儿数字图书馆之学前学习馆（org.ndolela.com）

学前学习馆隶属国家少儿数字图书馆，有"小小语言家""艺术梦想团""健康宝宝馆""科学实验室""社会万花筒"五个栏目。"小小语言家"提升孩子的识字能力，分"欢乐识字""英语ABC""亲子阅读"三个小栏目；"艺术梦想团"分"音乐舞蹈"和"手工制作"，"音乐舞蹈"介绍乐器，并可播放相应乐器音乐，"手工制作"用语音教孩子学折纸；"健康宝宝馆"教导孩子养成良好习惯，分"生活习惯""学习习惯"和"自理能力"三个小栏目；"科学实验室"向孩子介绍周遭事物，了解人体基本构造，解答孩子的日常疑问，分"人体科学""动植物""十万个为什么"和"数学游戏"四个小栏目；"社会万花筒"向孩子传达与人交往的基本礼仪，分"文明礼貌"和"关爱友善"两个项目。

网站资源适合0—6岁的幼儿，网站全部内容均有配音，方便孩子使用。为幼儿提供学前阅读和学习资源，还有对孩子的行为指导资源，不仅重视给孩子提供基础知识，还重视对孩子的日常行为教导，为孩子入学做准备。此外，网站特设亲子阅读栏目和英语字母学习专栏。

国家少儿数字图书馆之学前图书馆（org.ndolela.com）

学前图书馆隶属于国家少儿数字图书馆，有"小不点书屋""睡前故事厅""星星音乐谷""益智游戏城"四个栏目。"小不点书屋"为孩子提供基础阅读书籍，分"国学经典""亲子报刊""启蒙故事"和"儿童安全小常识"四个小栏目；"睡前故事厅"按主题分为"童话故事""成语寓言""古代文学""近现代文学""简爱""中华典故""外国诗选""世界上下五千年"；"星星音乐谷"，给孩子带来儿歌童谣，不仅有中文儿歌还有英文儿歌；"益智游戏城"分"学习游戏"和"急转弯谜语"两个小栏目，"学习游戏"涵盖"数字游戏""语言城堡""认知魔方"和"才艺天地"，"急转弯谜语"分"脑筋急转弯"和"谜语大全"。

网站资源适合3—6岁幼儿，为在线有声读物，重视国学和中英双语教育。网站风格清新可爱，内容兼顾中国传统文化和西方文化。

第三节　小学数字阅读资源

小学处于知识的快速增长阶段，这一阶段的孩子对外界充满好奇心，学习能力增强，阅读内容包含学业和课外知识。本部分数字资源是针对小学的课外阅读和课程学习资源，有些资源还包括英、法、德、日外文的学习资源。

中少快乐阅读平台之小学低年级馆（zss.dglib.cn/xd.aspx/）

小学低年级馆是中少快乐阅读平台的分支，隶属于中国少年儿童新闻出版总社。网站分为"故事城堡""科普天地""轻松英语""卡通漫画""游戏玩家""成长加油站"六个栏目。"故事城堡"按"侦探故事""校园小剧场""童话故事""生活故事""经典阅读"五个主题分类；"科普天地"共有"玩转科学""科学故事""科普漫画""百科知识"四个栏目；"轻松英语"分"阅读时间""英语敲边鼓""英语练兵场""趣味语法"四个栏目；"卡通漫画"分"幽默爆笑""少男少女""卡通迷画廊""传奇英雄汇""敖幼祥漫画精品系列"五个栏目；"游戏玩家"共有"连连看""找影子""涂色""拼图""连线""找不同"六种游戏；"成长加油站"分"知心姐姐的信箱""成长故事"和"助学园地"三部分。首页为"最新报刊"和"专家推荐"，均可进行全文阅读。

网站资源适合小学低年级学生，支持在线阅读。阅读资源丰富，阅读内容多样，有故事、科普、英语、卡通、游戏等主题阅读，关注孩子心理健康，更有助学园地，帮助孩子学习。网站将阅读资源和学习资源结合起来，这里不仅有可以丰富孩子的课外阅读，也有帮助孩子学习的数学、语文和作文的资源，可作为孩子的基础阅读和辅助学习网站。

中少快乐阅读平台之小学高年级馆（zss.dglib.cn/xg.aspx/）

　　小学高年级馆是中少快乐阅读平台的分支，隶属于中国少年儿童新闻出版总社。网站分为"儿童文学""科普天地""轻松英语""历史文化""卡通漫画""游戏玩家""成长加油站"七个栏目。"儿童文学"按"外国小说""外国文学""童话""诗歌散文""散文""青春文学""纪实文学""幻想文学""传记"九个主题分类；"科普天地"共有"玩转科学""科学故事""科普漫画""百科知识"四个栏目；"轻松英语"分"阅读时间""英语敲边鼓""英语练兵场""趣味语法"四个栏目；"历史文化"分"人物故事""历史故事""环游地球""国学故事"四个栏目；"卡通漫画"分"幽默爆笑""少男少女""卡通迷画廊""传奇英雄汇""敖幼祥漫画精品系列"五个栏目；"游戏玩家"共有"连连看""找影子""涂色""拼图""连线""找不同"六种游戏；"成长加油站"分"知心姐姐的信箱""成长故事""助学园地"三部分。首页为"最新报刊"和"专家推荐"，均可进行全文阅读。

　　网站资源适合小学高年级学生，支持在线全文阅读。因为高年级的孩子可以

阅读更多的书，因此，阅读资源较低年级更多，阅读内容增加历史文化类，有助
学园地，帮助孩子学习。

国家少儿数字图书馆之小学学习馆（org.ndolela.com）

小学学习馆隶属于国家少儿数字图书馆，共有"一年级""二年级""三年级"
"四年级""五年级""六年级"六个栏目。每个年级均按照语文、数学、英语三
个科目划分资源类型，同时分为新人教版、苏教版和北师大版，方便孩子根据自
己的需求选择教材。每一科目下面都有"练习""课程"和"考试"三项内容：
"练习"分为"天天练""趣味练习""课课练""周周练"和"阅读训练"；"课程"
与孩子所用教材同步，是有声电子书；"考试"分"单元测试""期中测试"和
"期末测试"三种类型。网站资源完全与小学课程结合，为孩子提供课堂之外的
数字学习资源，特别是提供课后练习。

国家少儿数字图书馆之小学图书馆（org.ndolela.com）

小学图书馆隶属于国家少儿数字图书馆，共"文学博览""艺术欣赏""国学启蒙""外文读物""英语天地""百科全书"六个栏目。"文学博览"分"益趣乐园""中外名著""童话故事""上下五千年""成语故事"和"儿童文学"六个主题；"艺术欣赏"分"手工制作""音乐舞蹈""绘画摄影""雕塑建筑"四个方面，教授孩子剪纸、折纸、绘画、雕刻等艺术；"国学启蒙"有"三字经""弟子规""唐诗""宋词"四部分；"外文读物"包括"日语读物""英语读物""法语读物"和"德语读物"；"英语天地"分"趣味英语""英语故事"和"英语游戏"三部分，有适合孩子的英文教材，还有儿童绘本、动漫英语和《伊索寓言》等资源；"百科全书"分"天文地理""动物植物""人文历史""科学知识"四个方面，帮助孩子认知丰富的世界。

网站资源适合小学生，为孩子提供文学、艺术、国学等丰富的阅读资源，还提供英语、日语、法语和德语外文儿童读物。网站为小学生提供丰富的课外阅读资源，支持孩子课外趣味阅读；涵盖不同语言的读物，为学习外文的孩子提供阅读资源，扩展眼界，认识世界。

第四节　中学数字阅读资源

中学包括初中和高中，这一阶段的孩子学习任务重，课外阅读时间少，处于知识的积累阶段。根据这一阶段的孩童特征，网站的阅读内容将课程知识和课外知识相结合，既有课外知识，也有学业知识，让他们在阅读的同时，学习知识，拓展眼界，增加涵养。

中少快乐阅读平台之初中馆（zss.dglib.cn/cz.aspx/）

初中馆是中少快乐阅读平台的分支，隶属于中国少年儿童新闻出版总社。网站分为"文学天地""科普天地""历史文化""卡通漫画""游戏玩家""成长加油站"六个栏目。"文学天地"按"外国小说""外国文学""童话""诗歌散文""散文""青春文学""纪实文学""幻想文学""传记"九个主题分类；"科普天地"分"玩转科学""科学故事""科普漫画""百科知识"四个栏目；"历史文化"分

"人物故事""历史故事""环游地球""国学故事"四个栏目；"卡通漫画"分"幽默爆笑""少男少女""卡通迷画廊""传奇英雄汇""敖幼祥漫画精品系列"五个栏目；"游戏玩家"有"连连看""找影子""涂色""拼图""连线""找不同"六种游戏；"成长加油站"分"知心姐姐的信箱""成长故事""助学园地"三部分。首页为"最新报刊"和"专家推荐"，均可全文阅读。

网站资源面向初中生，支持在线阅读。将课堂学习和课外阅读相结合，阅读资源丰富，有助学园地，帮助孩子健康成长和学习。

中少快乐阅读平台之高中馆（zss.dglib.cn/gz.aspx/）

高中馆是中少快乐阅读平台的分支，隶属于中国少年儿童新闻出版总社。网站分为"文学天地""科普天地""历史文化""游戏玩家""成长加油站"五个栏目。"文学天地"由"精品文章""幻想文学""青春文学"三大部分组成，其中"精品文章"按"外国小说""外国文学""诗歌散文""青春文学""纪实文学""幻想文学""传记"七个主题分类；"科普天地"分"玩转科学""科学故事""科

普漫画""百科知识"四个栏目，主要阅读资源是《中国少年文摘》《我们爱科学》《中国中学生报》；"历史文化"由"精品文章"组成，分为"人物故事""历史故事""环游地球""国学故事"四大主题；"游戏玩家"有"连连看""找影子""涂色""拼图""连线""找不同"六种游戏；"成长加油站"分"知心姐姐的信箱""成长故事""助学园地"三部分。首页为"最新报刊"和"专家推荐"，均可进行全文阅读。

网站资源大部分适合高中生，但"游戏玩家"栏目内容设置适合低龄孩子。网站资源支持在线阅读，类型多样，内容充实。

中学生读书网（www.fox2008.cn）

中学生读书网，营造中学生健康网络环境，按主题分为"古典文学""中国文学""外国名著""寓言童话""武侠小说""百家讲坛""中外名人""故事会""幽默笑话"等。

网站资源适合中学生，页面内容绿色、纯净。网站汇集阅读资源，内容丰富，以网页阅读为主，阅读观感不太好，可作为资源查看和下载的网站，网站提供微信客户端。

第五节 青少年全年龄段数字阅读资源

针对青少年阅读的网站有专门的幼儿、小学、中学网站，同时也存在着综合三个年龄段的网站资源。本部分的数字阅读资源面向所有年龄层的青少年，有些网站内有分年龄段的阅读，有些网站没有分年龄段的阅读，使用者根据自身需要选择相应的资源。网站类型有阅读活动型网站和资源型网站。

三叶草故事家族（www.3yecao.org）

三叶草故事家族，是一个致力于推进亲子阅读进入家庭的民间公益组织，口号为"我是一棵会阅读的草"。他们的目标是让童年溢满书香，让阅读丰盈童年。童心、爱心、慧心是三叶草的三颗心，正因为有这三颗心，三叶草才会生机勃勃、绿意盎然。这个可爱的家族有着丰富而生动的线下活动，网站是他们交流育儿心得、发布活动信息的平台，在这里，可以看到童书的品读和推介、阅读活动的照片与日记、版上网友的原创和心得，是一个温馨洋溢的线上大家庭。

三叶草故事家族有故事讲述人线上培训、故事讲述与绘本剧大赛、社区儿童加油站、书香校园之家校互动计划、儿童阅读研究计划、故事义工 2 + 1 成长计划六项"绿洲计划"。举办故事妈妈培训、专家阅读讲座、社区故事会、主题文化沙龙、新书试读会、年度讲述大赛、故事剧团等多种阅读活动。邀请来自法国、德国、日本、中国台湾、中国香港与中国内地的著名绘本家、儿童文学作家、优秀画家、资深儿童出版人与业界专家，举办各类阅读推广活动。

网站资源为活动类资源，用户可根据自己所在城市，参加该城市的阅读活动，网站的交流平台，便于不同家长和孩子之间的相互交流。

小书房（www.dreamkidland.cn）

小书房是儿童文学作家漪然于 2004 年制作的一个儿童文学主页，后在阅读推广人艾斯苔尔、儿童文学作家流火和一大批志愿者的帮助下不断丰富，建立起了一个公益性的儿童阅读推广网站。小书房有自己的公益团队，一直在线上线下为儿童阅读推广奉献着一份力量。线下阅读推广站遍布全国 21 个城市，志愿者近千人。

网站的主要板块有"去读""去玩""去秀""我家""去说"，并在网页右上角设置全站搜索框。书籍资源主要汇集在栏目"去读"中，共有"最新童书""小书房出品""在线阅读""我的阅读"四个栏目。"最新童话书"精选了从 1875 年至 2015 年出版的童书，介绍基本出版信息，不支持在线阅读；"小书房出品"汇集了"小书房"创建者漪然的著作或翻译著作；"在线阅读"是可以直接点击阅读的读本；"我的阅读"记录了个人的阅读痕迹。

每个栏目都分为 10 个阅读类型，分别为"图画书""儿童小说""短篇童话""长篇童话""科普""童谣""双语""诗歌""散文""儿童文学研究"；并按年龄段分级，分为 0—2 岁、3—4 岁、5—6 岁、7—8 岁、9—10 岁、11—12 岁、13—14 岁、15—18 岁以及父母阅读。

"小书房"是为儿童文学读者搭建的一个公益性平台，通过线上读书社区和线下读书会相辅相成的形式，为儿童文学读者提供自己评论、自主交流、自发组织阅读活动的机会，共同分享阅读的快乐。"小书房"的宗旨是：聚集儿童文学爱好者，为儿童文学的传播和创作贡献一份力量。"小书房"的网站风格清新可人，蜡笔涂鸦的简笔画充满了童趣，它既为孩子们推荐最优秀的儿童文学作品，也为儿童文学作者提供一个发挥才华的宽广空间。可选择的分类阅读和分级阅读更方便读者选择适合自己的书籍。

网站资源适合 0—18 岁的青少年，支持在线分级阅读，有专门针对父母的阅读书籍，还有亲子阅读指导书籍，附分级阅读推荐读本。

彩虹花公益小书房

彩虹花公益小书房是李波受"小书房"创始人漪然影响于 2007 年 7 月发起的儿童阅读活动。公益小书房在各幼儿园、学校及社区组织阅读引导活动，把阅读带到孩子们的身边，渗入家庭并倡导家庭亲子阅读。彩虹花公益小书房以故事会的活动形式推广少儿阅读，及时推送深圳市少儿图书馆、宝安图书馆少儿阅览室、桃源村社区、阳光海社区、大沙河公园等地阅读活动。

彩虹花公益小书房借助于社区和公共图书馆，以故事妈妈讲故事、宝宝讲故事、表演故事、纸偶表演故事等活动致力于推进亲子阅读活动。丰富多彩的活动使更多的孩子爱上读书，教授更多的家长为孩子做阅读指导。

红泥巴村（www.hongniba.com.cn）

1999 年年底，红泥巴村诞生于北京，成为中国互联网史上最早的一批专业儿童网站之一，旨在为孩子建设一片快乐洁净的网络空间，在实际生活中举行丰富多彩的夏令营和阅读活动。2003 年，红泥巴村开辟新的方向，努力宣传"孩子们要读优秀儿童文学"，致力于出版和推广绘本，并推广儿童阅读活动。

网站有"读书俱乐部""dp2 图书馆""达尔工作室""着迷 101""进村""童书 TOP10"和"嘉贝丽中文网"七个板块。

"读书俱乐部"有"专题书展""按年龄分""按内容分""泥巴书虫""我要买书""示范书目"6 个项目。"专题书展"分为 50 个专题，并在每本书的介绍下面附适龄范围；"按年龄分"分为 0—3 岁、3—6 岁、6—9 岁、9—12 岁、12—15 岁、15 岁以上、0—99 岁、9—99 岁，后更有家长、老师的推荐书目；"按内容分"按卡通人物、启蒙读物、文学、教育、自然百科、其他等 14 类划分；"泥巴书虫"是《泥巴书虫》会刊电子版；"我要买书"登录后可选购网站的书籍；"示范书目"推荐小学班级书目和家庭书目，并收录了如何教孩子阅读的讨论文章，可供家长和教师参考。

"dp2 图书馆"是红泥巴村用户的个人图书馆。

"达尔工作室"由明天出版社和红泥巴村读书俱乐部联合创办，介绍了英国著名儿童文学作家罗尔德·达尔（1916—1990）的生平、作品以及各类媒体对达尔或其作品的评论性文章。

"着迷 101"是《让孩子着迷的 101 本书》的正式授权网站，网站介绍了让孩子着迷的 101 本书，用户可以按类别、作品名、作者名、年龄检索相关资源，类别分为古典名著、图画书、童话、历险奇遇故事、动物故事、侦探故事、科普科幻故事、魔幻故事、成长故事、漫画故事 10 大类，每类下列推荐书籍。网站更有专栏话题，探讨孩子阅读时的问题。

"进村"是进入红泥巴村的主题乐园，网站分为泥巴广场、村里人家、村公所等，支持简繁转化和英文浏览。将网站建设成为一个类似迪士尼主题公园的虚拟社区，在国内同类网站中，无论从内容上还是版式上，它都是一个创意优秀、具有鲜明活泼特色的网站。其主题公园式的设计、人性化的构思使孩子们有一种进入了童话世界的感觉。

"童书 TOP10"由《父母必读》杂志和红泥巴村读书俱乐部合作，是用户荐书前 10 名的推荐网站。有"入围推荐""出版社自荐""季度排行""年度排行""相关评论"等内容。

"嘉贝丽中文网"由海豚传媒和红泥巴村读书俱乐部联合创办，介绍了比利时著名儿童文学作家嘉贝丽·文生（1928—2000）的生平、作品，如"艾特熊和赛娜鼠"系列图画书。更有"妈妈导读""书评 & 访谈"等栏目。

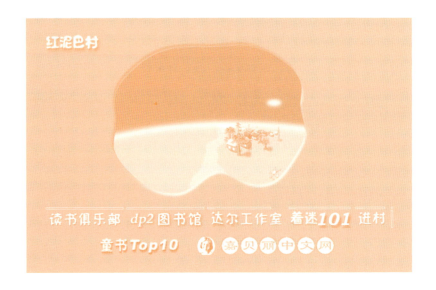

中文在线少儿阅览室（kids.chineseall.cn）

中文在线少儿阅览室属于国家图书馆，以书籍为主，全部书籍支持在线阅读。图书按主题分为八大类，分别是：传统文化、卡通漫画、科普百科、历史地理、励志成长、体育益智、文学故事、艺术世界。网站左侧有热点图书和推荐图书两个栏目，并附检索框。

网站资源适合不同年龄段的青少年，没有分级阅读，网站书籍资源丰富，附热点图书和阅览室推荐图书，支持在线阅读。

虫虫阅读网（www.ccread.cn）

虫虫阅读网由团中央中国少年儿童新闻出版社创办，是少儿阅读导航网站，主要有"图书""书评""阅读推广""在线阅读""图书漂流"五个栏目。"图书"分为"新书榜""关注榜""分类浏览""百种好书推荐"，列出了自 2004 年至 2015 年的百种好书单，该书单是新闻出版广电总局每年开展"向全国青少年推荐百种优秀图书"活动脱颖而出的获奖作品 100 种。"书评"分为"热门书评""最新书评""好友的书评"。"阅读推广"分为"主题推广""爱上阅读""阅读杂议"三个小栏目。其中"主题推广"结合时事，按主题推广阅读，如父亲节、快乐过暑假等，"爱上阅读"由阅读推广人 ccread 向读者推送有关阅读的内容。"在线阅读"按主题分科普、散文、亲子、益智、绘本、儿童教育等 11 类，并有教辅类和课外阅读类期刊，可选择 pdf 版或纯文字阅读，大部分书籍附适用学业阶段。"图书漂流"分为"漂流中的图书""主题漂流活动""漂流排行榜"等。全站可按主题、出版社、年龄、作者来查找书刊，分级阅读分为感知阶段（1岁前）、床边故事阶段（1—2岁）、图画书阶段（3—4岁）、听故事阶段（5—6岁）、幻想童话阶段（小学一、二年级）、历史故事阶段（小学三、四年级）、知识与伦理阶段（小学五、六年级）、自我探索阶段（初中生）、人生初体验阶段（高中生及以上），并附适合家长阅读的书籍。

网站资源适合0—18岁青少年，支持在线分级阅读，网站不仅推荐图书，更有书评和阅读推广专栏，强调阅读推广以及ccread自身的阅读推广人意识，向用户宣传阅读理念。网站还有适合家长看的指导孩子阅读的书籍。此外，网站有蓝、红、绿、黄四种网页色彩可选。

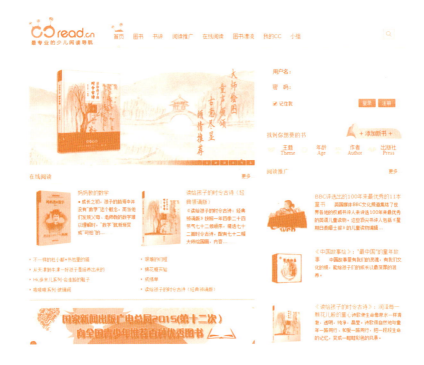

儿童资源网（www.tom61.com）

儿童资源网以"绿色上网，快乐成长"为建站理念，为中国儿童提供内容健康、丰富多彩的娱乐学习资源。网站资源数量庞大，并提供免费下载服务。网站开设儿童文学、儿童动画片、儿童歌曲、有声故事、小学作文、儿童游戏、儿童知识、猜谜语、少儿百科、育儿大全等栏目。网站资源类型多，内容丰富，有不少视频资源，支持手机客户端使用。

网站资源适合 0—18 岁青少年，支持在线阅读，无分级阅读。在线阅读倾向于网页阅读，因页面为单纯白底黑字，其设置不适合孩子在线阅读，但可以作为下载儿童阅读资源的网站。

中国儿童文学网（www.61w.cn）

中国儿童文学网是一个以儿童文学为主题的专业文学网站，旨在为孩子提供一片纯净的文学天空。网站创办于 2004 年，是国内最早的儿童文学网站，网站以公益为主旨，主要受众为中小学生、老师、家长以及幼儿（有声读物）。网站没有专业的编辑专门维护，主要是爱心人士利用业余时间维护和收集整理相应的内容。网站有"中国童话故事""外国童话故事""儿童有声读物""动物故事""日本童话故事""中国寓言故事""成语故事""外国寓言故事""儿童诗歌""儿童小说散文""儿童歌谣""儿童故事""脑筋急转弯""趣味智力问答""儿童游戏""启蒙读物"等资源。

网站适合0—18岁青少年，无分级阅读，支持在线有声阅读。

小鸭子儿童乐园（www.littleducks.cn）

小鸭子儿童乐园是一个面向所有父母及高中以下儿童的绿色网站，网站内容丰富，包括儿歌乐园、动画乐园、游戏乐园、故事乐园、美术乐园、健康乐园、教育乐园、学习乐园等，为父母及儿童提供了丰富的育儿知识及学习资源。

网站资源适合0—18岁青少年，支持在线阅读，无分级阅读，资源丰富，有视频、音频、课件、文档等类型。

六一儿童网（www.61ertong.com）

六一儿童网是专注于为中国儿童提供服务的绿色门户网站。在六一儿童网，小朋友可以听儿歌、看动画、做游戏、学画画，不知不觉中掌握成长的知识与技能。还开设了儿童论坛、儿童博客等互动平台，开掘了未成年人上网的通路。六一儿童网的宗旨是：激发潜能，提升孩子的想象力和创造力，照亮孩子们美好的前程。六一儿童网有"儿童视频""故事视频""幼儿教育""儿童英语""国学启蒙""儿童游戏""儿童读物""动画片"等栏目。

网站资源适合0—18岁青少年，支持在线阅读，无分级阅读。

国际儿童数字图书馆（en.childrenslibrary.org）

国际儿童数字图书馆是一个非营利性的公益基金会组织，帮助世界儿童学习不同的文化、语言等，为贫困地区、教育不发达地区提供优秀的教育资源，让每一个孩子都能了解和阅读世界各地的儿童文学。网站栏目"Reading Books"是主要的数字阅读来源，网站支持按不同标准查找图书，按年龄查找图书，分为3—5岁、6—9岁、10—13岁；按图书封面查找图书，分红、橙、黄、绿、蓝五种颜色；按真实和虚构内容选择图书馆，还分为图画书和文学图书；按短篇书籍、中篇书籍、唱片书籍、最新图书、获奖童书、神话故事和民间故事书查找。网站数字阅读是图书扫描件，有些旧书的阅读效果较差，网站和图书支持将英文翻译为中文，因此不存在语言障碍。读者可以通过网站阅读国外儿童文学。

网站资源适合3—13岁青少年，支持在线分级阅读，网站资源由扫描纸质书籍而得，有来自美国、法国、德国、英国、韩国、波兰、中国等国家的儿童书籍，网站和图书都支持中文阅览。

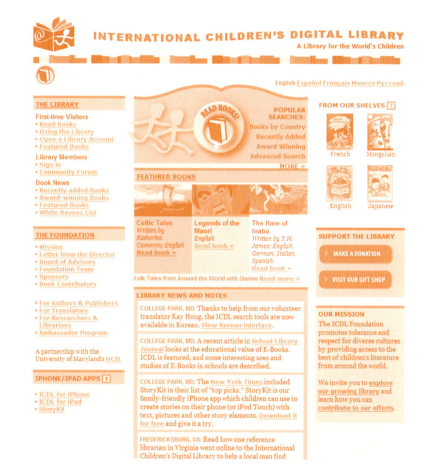

除了专门网站外，许多少年儿童图书馆也有青少年数字阅读资源，在此一并列出，见表6–1。除了中文青少年阅读资源，另附英文阅读网站合集，见表6–2。

表6-1　少年儿童图书馆（排名不分先后）

所在省市	图书馆名	网址
北京市	首都图书馆（少年儿童图书馆）	http://www.childlib.org/
	北京市西城区青少年儿童图书馆	http://www.xslib.net/
	国家图书馆少年儿童馆（国家少儿数字图书馆）	http://kids.nlc.cn/
	北京市石景山区少年儿童图书馆	http://sjsst.bjsjs.gov.cn/
上海市	上海少儿信息港	http://www.sst.org.cn/
	长宁区少年儿童图书馆	http://www.seszlib.com/
天津市	天津市少年儿童图书馆	http://www.tjclib.org.cn/
重庆市	重庆市少年儿童图书馆	http://www.cqst.org.cn/
浙江省	杭州市少年儿童图书馆	http://www.hzst.net/
	金华市少年儿童图书馆	http://www.jhsetsg.com/
	温州市少年儿童图书馆	http://www.wzst.cn/
	绍兴图书馆·少儿天地	http://www.sxlib.com/
江苏省	连云港市少年儿童图书馆	http://www.lygselib.com/
	苏州图书馆少儿园地	http://www.szlib.com/
	扬州市少儿图书馆	http://www.yzser.com/
	淮安市少儿图书馆分馆	http://www.jshast.cn/
	无锡市少年儿童图书馆	http://child.wxlib.cn/
	南通市少年儿童图书馆	http://www.ntclib.org.cn/
安徽省	合肥市少年儿童图书馆	http://www.hfslib.com/
广东省	湛江市少年儿童图书馆	http://www.zjst.cn/
	珠海市少儿图书馆	hhttp://www.zhlib.com.cn/organization_child.asp
	广州市少年儿童图书馆	http://www.gzst.org.cn/
	深圳少年儿童图书馆	http://www.szclib.org.cn/
	东莞少年儿童图书馆	http://children.dglib.cn/

续表

所在省市	图书馆名	网址
广西壮族自治区	广西少年儿童图书馆	http://gxst.gxlib.org.cn/
	南宁市少年儿童图书馆	http://www.nnclib.com/
福建省	厦门市少年儿童图书馆	http://www.xmst.org/
湖南省	湖南省少年儿童图书馆	http://www.hnst.org/
	衡阳市少年儿童图书馆	http://www.hyst.org/
湖北省	武汉市少年儿童图书馆	http://www.whst.org/
陕西省	陕西省图书馆少年儿童分馆	http://www.sxlib.org.cn/
辽宁省	大连市少年儿童图书馆	http://www.greengarden.org.cn/
	沈阳市少年儿童图书馆	http://www.sy-st.net/
吉林省	长春市少年儿童图书馆	http://www.cccis.net/
	延吉市少年儿童图书馆	http://www.yjseg.cn/

表 6-2　儿童英文阅读网站（排名不分先后）

网站名	网站网址	适用年龄	网站说明
Lil'Fingers Story-books	http://www.lil-fingers.com/	幼儿	有故事书、视频、游戏，属于基础程度
Starfall	http://www.starfall.com/	幼儿	一个训练孩子阅读的网站，提升孩子识字能力
SESAME STREET	http://www.sesamestreet.org/	幼儿	以芝麻街的主角为故事主角，主要是视频与游戏
Story Place	http://www.storyplace.org/	学前小学	一个英文及西班牙文的双关语网站。分为学前及小学阶段的图书馆。故事均有动画搭配，并能逐句发音
Fable Vision Place	http://www.fablevision.com/	小学生	点选Fable Library后，上面有六本的故事书。要下载才能阅读，内容简单，适合小学生阅读

续表

网站名	网站网址	适用年龄	网站说明
Beantime Stories	http://www.meddybemps.com/	小学生	提供16篇故事，故事以图片的方式呈现
Pirchei Shoshanim	http://www.pirchei.com/	中学生	有7篇故事
MAGIC KEYS	http://www.magickeys.com/	青少年	33本插画故事书。区分为三级；初级有17本书，中级9本，高级7本

第七章

建立自己的阅读资源库

我们在网络里遨游的时候，经常会看到好的网站和网页内容，并习惯性地将它们收藏在自己的电脑里，以备随时取用。但是鉴于电脑可能需要重装系统以及有时需要异地上机的情况，会造成许多的不便。因此，利用网络，有效存储和管理自己收藏的网页、文档、图片、音乐、视频等各类资源，建立自己的阅读资源库，很有必要。

第一节　网页资源订阅

网页资源信息量巨大，充斥了大量的无用信息和垃圾信息，人们每天关注了太多他们可能根本不关心的信息，同时占用太多的时间来挑选自己需要的信息。因此，人们希望可以让自己关注的信息主动推送到个人，这便出现了 RSS。RSS 也叫聚合，是在线共享内容的一种简易方式，用来描述和同步网站内容，是目前使用最广泛的资源共享应用。RSS 订阅通常用于时效性比较强的内容上，为了能更快速地获取信息，网站提供 RSS 输出，有利于让用户获取最新更新的网站内容。利用 RSS 可以订阅时政、艺术、科技、文化等网站文章，也可以订阅喜欢的博客，对什么感兴趣就订什么。用户可以借助 RSS 网站，或者支持 RSS 聚合的客户端工具软件，根据自己的喜好定制多个 RSS 资源。

一、RSS概念及订阅步骤

RSS 有三种解释，第一种为 "Rich Site Summary"（丰富站点摘要），第二种为 "RDF Site Summary"（RDF 站点摘要），第三种为 "Really Simple Syndication"（真正简易聚合），不管以上三种解释哪个更为准确，简单地说，RSS 订阅是一种将信息主动推送给用户的实用技术。网络用户可以借助 RSS 订阅器软件，在提供 RSS 输出服务的网站上订阅感兴趣的网络信息。通过 RSS 订阅，用户感兴趣的内容就会主动出现在 RSS 阅读器中，如果内容有了更新，会在 RSS 阅读器中自动下载，并通知用户，再通过主题信息中的链接，进一步打开全文内容。

RSS 订阅的步骤一般为：首先，下载一个 RSS 阅读器；其次，从各网站提供支持 RSS 输出的信息列表中订阅（通过点击 RSS 订阅按钮，或者复制其链接地址）感兴趣的信息；再次，在 RSS 阅读器中，通过添加频道的操作，把要订阅的 RSS 内容（信息的链接地址）添加到 RSS 订阅器上；最后，更新订阅的频道，打开其中的题目，进行阅读。

通过 RSS 订阅，用户可以自由订阅自己感兴趣的频道，可以订阅整个网站内容，也可以只订阅某个感兴趣的栏目或者某个事件的专题。可以根据自己的需求组织订阅的资源，所有需要的信息都能够通过阅读器查看到。可以更方便地进行阅览和学习，更快、更准地获取信息。RSS 具有自动更新内容功能，能方便快捷获取最近更新的新闻、资讯等，网站或者博客有无更新都一目了然。信息发布的时效快、成本低、效率高。不同频道的内容集中呈现在同一个页面，相当于一个阅读通道，不用被过多的页面信息所干扰，无垃圾信息，可以实现便利的本地内容管理。帮助用户节省时间，不用点击不同网站、不同页面寻找资讯。

二、RSS订阅方式

RSS 订阅方式主要有三种：第一种是 RSS 软件，如一览阅读、深蓝阅读、Google Reader、InoReader、Feedly 等，优点是通过 RSS 订阅软件可以将不同信息源的内容汇集到一起，按时主动推送用户关注的信息。还有一些阅读器内置了新浪网、新华网、天极网、计世网等数百个 RSS 信息源，列出了可供订阅的名人博客，并且可以导入或导出 RSS 频道列表 OPML 文件。第二种是在线 RSS 订阅，这种方法最方便，可以直接保存阅读状态，推荐和收藏自己感兴趣的文章。如在知乎阅读中发现感兴趣的话题，只需要点击关注就可以获得该主题的相关内容，知乎网站也会持续推送最新信息。第三种就是 RSS 邮件订阅，如今提供邮箱 RSS 订阅的有很多，例如 Gmail 邮箱、QQ 邮箱、163 邮箱、126 邮箱等大型的邮箱都具有订阅功能，包括电子邮件客户端（Outlook、Thunderbird、iPhone）等，都可随时随地提供及时的新闻信息。

三、RSS订阅工具

目前 RSS 的订阅工具主要是 RSS 订阅软件，如一览阅读、深蓝阅读、Google Reader、InoReader、Feedly 等，将 RSS 资源地址加入 RSS 阅读器即可在第一时间了解到所关心的人和事的最新动态。

一览阅读是国内一个基于 RSS 订阅的个性化阅读平台，具有多终端同步，一致流畅的阅读体验。该平台适用于 iPhone、iPad、Android 以及 PC 浏览器，支持 Kindle 推送服务。一览网支持订阅 RSS 或任意网站链接。一览网可以根据用户的阅读习惯，自动推荐可能感兴趣的内容；支持多种阅读模式，如清新卡片、简约列表、图片墙等；同时支持多种文章查看方式。网站还开发了支持 iOS 系统和 Android 系统的 APP。

深蓝阅读是国内一个专注于内容订阅的工具类应用，可订阅 RSS 或任意网站链接等，还有适用于 Chrome 的收藏插件。深蓝阅读方便的地方在于它有很多订阅源是现成的，集成了许多热门的网站推荐，不管是在 PC 浏览器还是手机都可直接订阅。对一些不支持全文输出的网站，深蓝阅读还会自动抓取全文。除了 PC 端，也提供手机端 APP 下载使用。

InoReader 是国外一款在线 RSS 阅读器，支持 https、移动设备访问，导入 Google Reader、Pocket/Instapaper，快捷键，自动推送等，有中文界面。InoReader 整合了 Readability 服务，用户可以直接获取全文内容，不用打开新的网页。提供管理不活跃的信息源服务，用户可以及时整理自己的订阅源。支持订阅 Twitter 和 Google＋上的信息。此外，InoReader 拥有完善的社交化选项，可以互相赞、评论文章，如果不喜欢也可以彻底关闭社交选项；抓取源的更新速度快；节制的收费，搜索、第三方服务整合都是免费的，只有一些特别的功能，才需要付费使用。

Feedly 是国外一款 RSS 订阅工具，它的第一个优势在于跨平台，支持多种浏览器，包括 FireFox、Chrome、Safari，还有 iOS 和 Android 版本的客户端，用户可以很方便地将 Google Reader 中的 RSS 源列表导入 Feedly。Feedly 可以根据用户的爱好提供资源推荐服务。Feedly 除了支持在线分享之外，还支持划词搜索和划词翻译功能。Feedly 移动端的界面设计非常简单，默认杂志风格的浏览界面，以图文摘要形式显示，封面文章自动抓取根据算法和喜欢数推荐的热文，热文作为默认封面。Feedly 的显示方式还包括标题、卡片和全文，简单的设计加良好的内容展现会让读者有更好的享受阅读的过程。

第二节　网络文摘收藏

网络文摘是基于互联网页面收藏的新服务，用户在浏览网页资源时可以随时摘录自己感兴趣的信息，将网页的链接和内容摘要保存在网上。网络文摘就像网络上的知识卡片。通过分类、标签排序的方式，存储网址和相关信息列表，对网址与网页资源进行有序分类和特色标引，分享互联网信息资源。

网络文摘具有以下两个重要特点：一是收藏，每个人都可以对自己喜欢的网页或网址进行网络收藏，添加合适的标签，对网址进行索引使网址资源有序分类，具有知识分类的意义。收藏时的主题或摘要可以自己编写，也可以通过复制、粘贴，或者默认选中内容，具有个性化的特色。二是共享，通过不同的用户将网络上零散的资源汇聚在一起，形成新的信息共享中心。每个人可以把自己喜欢的或者认为有价值的网页保存起来和大家进行分享，大家通过相同的标签可以找到自己可能感兴趣的网址及相关信息，在网上结识相同志趣的人，彼此分享信息和资源，彼此在共享中找到新的收藏，每个人既是贡献者，也是收获者。

360doc个人图书馆（www.360doc.com）

360doc是一个免费的网络好文收藏和分享的网上知识平台，用户注册后即可拥有自己的网上图书馆，对网页文章进行收藏、管理、分享等操作。只要是360doc中的文章，用户都可以点击文章上方和下方的"转藏到我的图书馆"进行收藏，不仅如此，该平台右键添加方式收藏文章尤为方便，用户选中网页中的某一段或者整个网页内容，在网页上右键点选"360doc个人图书馆"，即可进入收藏主面板，进而方便快捷地将好文章保存到"个人图书馆"中并随时带在身边。首页中的"正在转藏"和"最新文章"可以让用户看到最新的收藏，下方的"分类阅读"可以让用户根据类别进行收藏。360doc还提供了强大的文章管理功能，用户不仅可以对收藏的文章进一步编辑，保留有用信息，同时还可以在自己的"个人图书馆"中撰写并保存原创文章。用户可以对收藏和原创的海量文章进行树形目录式分类管理，让文件夹的设置、移动、删除，以及建立子文件夹都很方便，并且能够在"我的图书馆"中搜索或者"全站搜索"中快速找到所需要的文章。360doc 让网络资料转载及好友分享变得轻而易举，即用户可以在好友的图书馆中看到好友的收藏、最新文章、标签，以及好友的好友，等等。360doc 真正地实现了人与信息之间的互动，这不仅能够帮助用户找到所需要的信息，还可以将合适的信息自动推送给用户，让信息自动去匹配用户。

易集网（www.yijee.com）

易集网号称灵活轻便的网络收藏专家，易集的含义是让用户更容易、更方便地去收集网络书签，其提供的云端书签收藏服务，可以让用户走到哪用到哪，永不丢失。易集提供的服务是多样化的，如定制个性化书签主页，用户可以对分类、书签、应用随意拖放，布局随意定；通过不同视角（时间、热度、列表等多种视角）展示收藏，让用户查找更便捷；提供各种可定制的网络应用插件（如天气、翻译、备忘录、RSS 新闻订阅等）；支持各个主流浏览器插件（可以快速收藏当前访问页面）；提供了书签导入与导出备份功能，其中导出功能则将收藏的数据备份，多一分保障。另外，易集的发现与分享书签服务，可以帮助用户发现有趣的书签，并可及时与微博、QQ 好友分享。总之，易集的书签收藏可以自定义，而且集合了众多搜索引擎的优点，操作便捷。

掰棒子（www.baibangzi.com）

掰棒子引用"狗熊掰棒子"的故事，旨在提醒用户在互联网的信息海洋中，每一位渴求知识的朋友都应当把掰来的棒子逐一收好，用好网络资源。该站的目标是为了帮助用户更好地收集、管理、分享知识，打造成为安全的一站式互联网信息管理平台。掰棒子以主流的个人互联网应用为核心，通过云计算技术，为用户提供最好的网络体验。掰棒子提供的核心服务包括：个性的搜索定制与备份，灵活易用的网络导航与收藏，定制提供个人主流网络应用，永久地保存个人数据，高效地管理知识文档，快速地上传批量文件，便捷地共享知识与资源等。

抽屉网（dig.chouti.com）

抽屉网（又称"抽屉新热榜"）的目标是创建一个取代浏览器收藏夹的新工具，帮助用户发现新资讯，拓展视野，方便快捷地收集资讯，搜索更加准确有效的信息。抽屉可以备份本地收藏夹到网络，一键收藏网络上的好帖子、好文章，用的时候随时查看。首页上的"最热"和"最新"分类呈现，有助于用户了解最热和最新的收藏内容，能够快速做出分类齐全的个人网址导航。用户利用随手记便签可以建一个网络记事本，分享网摘、网址、便签。在网络中收藏的内容可以自由导入导出，手机账号绑定便签、心情文字、事务提醒等。"抽屉书签"是一个免费绿色书签软件，支持所有主流浏览器，独立运行，不插入鼠标右键、不插入浏览器，能在所有的联网计算机上备份、同步、添加、编辑、共享收藏夹以及任何网页。

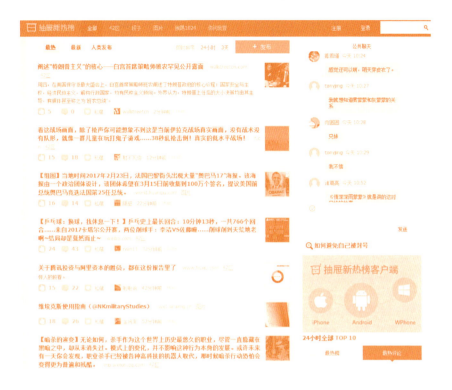

百度搜藏（cang.baidu.com）

百度搜藏是免费的网络收藏夹，属于百度云服务的一部分，所有百度用户通过账户登录即可使用，进而将内容与目录都存储在网络上，并且在任何一台在线的电脑上都可以打开自己收藏的资料，使用起来轻松便捷，避免了硬盘损坏可能带来的资料损失。百度搜藏还有一个最大的特点，就是通过百度的网页快照功能可以实现保存收藏网页的全文，即使原来的 URL 已成死链，用户依然能通过百度快照查看相关内容，这一功能可以有效保障收藏资料的安全性。百度的搜藏，更重要的意义不仅在"藏"，更在"搜"，这是与其他网摘的最本质区别，即用户可以在"我的搜藏"中搜索，也可以在"公开搜藏"中搜索。另外，百度搜藏可以导入外部文件，但是不能导出。

网络记事本不仅可以通过多种设备随时随地访问和编辑，而且由于存储在服务端，无须担心丢失，且可以与他人共享甚至是多人实时协同编辑，具备本地记事本所没有的优势。

印象笔记（www.yinxiang.com）

印象笔记是有名的在线记事本，可随时随地记录、访问、搜索用户的所思所想，所见所得。印象笔记支持所有主流 PC 和手机平台，支持 web 版和移动网页版，只要能上网的设备均可以在浏览器中打开进行操作，一处编辑，全平台之间可以同步。印象笔记有利于用户将有价值的信息集于一处，如收藏网页、拍下手写笔记或名片，甚至用网页剪辑插件保存完整的网页到印象笔记账户里，便于今后快速搜索笔记、图片和文档。其中，图片搜索是印象笔记最具特色的功能，它可以搜索到图片内的印刷体中文或英文以及手写英文，此功能对文字版的 pdf 文件也同样有效。另外，印象笔记支持任意格式文件作为附件插入笔记中，并实现跨平台同步，方便任意格式资料的文件管理，这便于用户储存重要的资料。印象笔记的共享笔记本功能，允许不同用户之间共同编辑一个笔记本，有助于实现团队协作办公。

为知笔记（www.wiz.cn）

为知笔记作为一款云服务笔记软件，可以帮助用户记录生活和工作中的点点滴滴。同时，它也是一款可以共享资料、基于资料进行沟通的协作工具。为知笔记可以帮助用户随时随地记录和查看有价值的信息，并且所有数据在电脑、手机、平板、网页可通过同步保持一致。与此同时，为知笔记定位于高效率工作笔记，主打工作笔记的移动应用，是一款工作笔记的云笔记类产品，具备强大的知识管理能力。除了常用的笔记功能保存的网页、灵感笔记、重要文档、照片、便签等，为知笔记重点关注"工作笔记"和"团队协作"这两个方面，解决团队记录和团队协作沟通的需求。

有道云笔记（note.youdao.com）

有道云笔记是一款跨平台网络记事本服务软件，有网页版、Windows 版、iPhone 版、iPad 版和 Android 版，可在各终端设备之间自动相互同步，解决个人资料和信息跨平台、跨地点的管理问题。有道云笔记采用了增量式同步技术，即每次只同步修改部分内容而不是整个笔记，并且采用"三备份存储"技术，还有网页剪报功能，即可以将网页里的精彩图文信息一键抓取保存至有道云笔记里，进而对保存的网页进行二次编辑。有道云笔记的用户初始可以拥有

2G 容量的免费存储空间，随着在线时间的增长，登录账号所对应的储存空间也同步增长。有道云笔记方便用户更好地对日程及笔记内容进行管理，支持多种附件格式，包括图片、pdf、Word、Excel、PowerPoint 等，是一款可靠的个人知识管理工具。

百度云记事本（note.baidu.com）

百度云记事本是一款小巧轻便的记事工具，用户可以通过它随时随地记录自己的想法，包括文字记事、图片记事、语音记事等类型。百度云记事本通过实时三端（Web 端、iPhone 端、Android 端）同步可以让用户非常方便快捷地对内容进行查看和编辑。不仅如此，它还为用户提供了短信、邮件以及链接的分享方式。

麦库（note.sdo.com）

麦库，即麦库记事，是一款免费、永久在线、安全的个人知识管理平台，因为其主打的是笔记功能，所以在麦库网址中包含了英文单词"note"。麦库用户可以通过电脑、手机等设备，随时随地在麦库里建立文档、图片、音乐、录音等任何类型文件的文档或笔记，同时麦库也支持用户进行资源分享，如精彩的网络摘记、网址存档、思想火花、工作资料、文件共享、照片分享，等等。另外，麦库支持批量文件上传，用户可以在线浏览阅读 Office 文件和 pdf 文档等，可在"相关文档"里看到别人公开的文档。麦库可以"整理分类，查找所需"，为文档设立标签，分类存储资料，用标签方便地管理知识文档。与此同时，麦库的用户可以通过关键字搜索，对自己的资料库进行站内搜索，可以设置文档为私有或者公开，可以按照分类、标签和内容属性（包含附件、图片等）进行筛选。值得一提的是，麦库支持印象笔记数据同步功能，即账号绑定后可以将数据从印象笔记导入麦库。

xNote 记事本（www.xnote.cn）

xNote 是网络记事本网站，成立于 2006 年，为客户提供简洁、安全、便捷、稳定的网络云端记事本服务。xNote 为客户提供了随笔、记事本、相册、收藏夹等功能，并采用国际编码加密链接访问，保证了数据传输的安全性。不仅如此，

xNote 还支持手机浏览，为客户提供短信定时提醒功能、一键分享功能（分享到新浪微博、腾讯微博、人人网）、自定义主题等服务。

云笔记（www.yunbiji.com）

云笔记是一款跨平台、简单高效的个人记事备忘工具。用户可以在云笔记中添加会议记录、日程安排、生活备忘、快乐趣事以及一些突发奇想，并且可以附上相应的图片资料作为笔记的附件。云笔记的云端同步功能可实现网页、iPhone、Android 客户端之间的信息同步，用户可以随时随地进行查阅和编辑，也可通过注册邮箱直接撰写或转发邮件到"me@yunbiji.com"来创建新笔记，让个人记事和个人电子邮箱无缝紧密结合在一起。

第四节　网盘资源储存

许多人把下载的电子书和常用的工作文档等电子阅读资源放在自己的硬盘里，或者用U盘拷贝备份，以备不时之需。但是电脑硬盘受硬件设备限制，有时不便于随身携带，U盘虽然携带方便，但是总有病毒、损坏和遗失等顾虑，相比之下，网盘就不会存在这些问题，它具有极高的便携性和安全性。网盘就像是放在网络上的硬盘或U盘，不管是在任何地方，只要能够上网，用户就可以管理、编辑网盘里的文件，不需要随身携带，更不怕丢失。如果担心有的网站不能够持久，用户可以考虑选择两处以上的网盘备份重要文件。与此同时，网盘在资源共享方面也很方便，用户不仅可以上传自己现有的资源供他人下载，还可以分享别人上传的丰富资源，及时找到自己想要的信息。

腾讯微云（www.weiyun.com）

腾讯微云是腾讯的一项智能云服务，集合了微云网盘、微云相册、微云传输、微云剪贴板，用户可以通过微云方便地在手机和电脑之间同步文件、推送照片和传输数据。

百度云网盘（pan.baidu.com）

百度云网盘是百度的一项云存储服务。用户首次注册即有机会获得 15GB 的空间，目前有 Web 版、Windows 客户端、Android 客户端、iPhone 版、iPad 版、WinPhone 版等，与传统的存储方式及其他的云存储产品相比，百度网盘有大、快、安全永固、免费四大特点，用户可以轻松把自己的文件上传到网盘上，并可以跨终端随时随地查看和分享。

360云盘（yunpan.360.cn）

360 云盘是奇虎 360 科技的分享式云存储服务产品，它为广大网民提供了存储容量大、免费、安全、便携、稳定的跨平台文件存储、备份、传递和共享服务。360 云盘为每个用户提供 36G 的免费初始容量空间，360 云盘最高上限是没有限制的。

115网盘（www.115.com）

115 网盘的用户初始即可拥有高达 150GB 的免费网络硬盘空间，并且在后续使用中可以利用各种方式轻松扩充容量。115 网盘采取分布式网络存储系统架构，便于用户随时随地进行访问、下载、上传。同时，它还将用户的上传资源划分为个人文件、文档、视频、音乐等类型，用户能在线直接打开 Word 文档、pdf、txt 等格式文件，并利用常规快捷键进行操作。115 网盘可以提供各种右键菜单功能，支持框选多个文件拖动，用户在使用时就和操作自己电脑上的文件夹一样，可批量上传多个文件，无须逐个点选，也可批量转移、复制、分享、删除、目录式的文件管理结构，方便管理海量文件。用户还可以随时通过桌面版和好友聊天并发送文件，也可以通过 115 圈子分享资源或获取资源，甚至可以针对网盘文件夹进行分享。值得一提的是，115 网盘的一键收藏功能，可以帮助用户非常方便地把资源收藏到个人网盘里。

VDISK威盘网（www.vdisk.cn）

威盘作为国内领先的网络硬盘服务商，VDISK快速稳定、功能强大。它支持匿名上传，支持静态下载地址，支持图片等外链到论坛、博客、邮件中，用户上传的文件只要有下载，系统就会永久保存，直到超过30天无人下载，系统才会自动删除。高级用户的文件则永久保存，永不删除。使用威盘备份数据，等于是建立一个网络文件仓库。

第五节　网盘资源搜索

随着互联网的发展，网络中提供存储服务的服务商越来越多，许多用户纷纷将自己的各种资源上传到网盘中与朋友分享，供存储或下载，无论是软件、资料、游戏，还是视频、音乐、电子书等，都可以通过网盘分享给其他有需要的人。正是由于千千万万的网友上传的丰富内容，推动了网盘存储的进一步发展。在海量的网盘资源面前，网盘搜索引擎应运而生，它有助于人们快速找到所需资源，以便及时下载。

网盘搜搜（www.wpsoso.com）

网盘搜搜采用了强大的谷歌自定义搜索引擎搭建，它搜集了大量的优秀网盘资源，几乎涵盖了国内所有的网盘及一些国外优秀网盘的资源。网盘搜搜的界面清爽，用户在搜索页面可以对时间和语言进行限定，以便更精确地搜索网盘里的各类电子书、学习资料、电影、动漫、游戏、软件、音乐等资源。同时，网盘搜搜还可以将搜索结果限定在一些优秀的网盘资源站点，如 115 网盘、DBank 网盘（华为网盘）、新浪爱问、百度文库等，或者专门搜索 P2P 资源。

搜盘网（www.soupan.info）

搜盘网是一个很好的网络硬盘搜索引擎。在搜索结果页面，用户可以区分网盘资源、电影资源、音乐资源、游戏资源，也可以选择全部资源，用户还可以选择单独显示 115 网盘、DBank 网盘、Xun6 网盘的资源。此外，搜盘网还提供歌词搜索、电影搜索、小说搜索和文档搜索。其中，小说搜索能够搜索全本 txt 小说阅读；文档搜索可以搜索包括百度文档、豆丁网、幻客网在内的海量 Word、ppt、txt 文档资源。

ZhaoFile（www.zhaofile.com）

ZhaoFile 是一个专业的网络硬盘文件资源搜索引擎，专注于提供网盘资源整合搜索。其主界面追求简洁，良好的用户体验使用户可以更快、更准确、更容易地找到想要的文件，让分散在网海各个角落的有用文件都能被找到。ZhaoFile 提供了包括飞速网（RayFile）、115 网盘、DBank 网盘、Xun6 网盘、SkyDrive 网盘、易盘（163Pan）、Ziddu、MegaUpload、eSnips、Box.net、Hotfile 等在内的多个国内外优秀网盘资源搜索。此外，ZhaoFile 提供了文档书籍、音乐、软件、视频、电影、动漫、电视剧、百科知识等众多类型的搜索，尽可能地满足用户的需求。

veryCD 电驴大全（www.verycd.com）

veryCD 电驴大全是一个 eD2k 资源分享网站，与大多数文件共享网络一样，它是分布式的，文件基于点对点原理传输，而非由中枢服务器提供。通过开放的技术，veryCD 电驴大全构建了一个庞大、便捷、人性化的资源分享网络。veryCD 的客户端和服务端可以工作于 Windows、Mac、Linux、UNIX 等操作系统，通过开放的技术构建庞大、便捷、人性化的资源分享网络，每天数以万计的网友通过 veryCD 分享着包括电影、音乐、游戏、软件在内的各类资源。通过 veryCD，用户可以搜索到任何有价值的资源，很多可能是想象不到的历史文件。

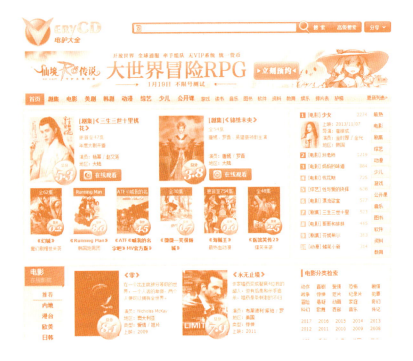

盘多多（www.panduoduo.net）

盘多多提供百度云盘和微盘的资源搜索服务，每日更新资源，包括视频、文档、音乐、图片、软件、专辑、其他等类型。

麦库搜索（www.baidu10.net）

麦库搜索是一个利用谷歌创建的网盘资源自定义搜索引擎，所以谷歌的使用技巧同样适合于麦库搜索。用户在搜索框中输入的关键词，越精简越好。如果没有满意的搜索结果，对搜索关键词使用双引号，可以限定搜索的结果完全与关键词相匹配。目前麦库搜索收录了众多国内主流网盘，以及国外热门网盘，可以轻松帮助用户下载电子书、文档、音乐、图片、视频等资源。

我的盘（www.wodepan.com）

我的盘可以搜索百度网盘、华为网盘里的资源，并且将结果分列。搜索结果页面中，有推荐大家感兴趣的资源，供搜索者参考。

后记

时光进入了 21 世纪，互联网广泛地进入了人们的生活。2004 年前后，互联网开启了由用户主导生成内容的 Web2.0 时代，Web2.0 与传统网站主导生成内容不同，更加注重用户的交互作用，越来越多的用户参与了网站内容的创造，用户不再仅仅是互联网的内容阅读者，同时也成为互联网的内容创作者。在这样的背景下，博客在网络上兴起了。2005 年前后，新浪、搜狐、网易、百度等纷纷加入了博客阵营。2005 年 12 月 24 日，我在新浪博客安了家。2006 年 6 月前后，我使用了"左书右网"的昵称，先后在 360doc、新浪、搜狐、网易、百度、腾讯等网站行走。此后数年，我的阅读生活就一直保持着"左书右网"的状态；在为南京艺术学院大学生讲授"信息检索与利用"的课程时，我一直坚持传统文献与网络资源利用并重的做法。

2010—2011 年间，我与江少莉女士作为副主编，协助徐雁教授主编《全民阅读推广手册》，为了体现"以其权威性、实用性、针对性以及未来视野，服务于'全民阅读'的总目标"，在第九单元专门介绍了网络阅读与数字阅读的有关内容。2011 年夏，在为《全民阅读推广手册》审稿的过程中，因海天出版社高层领导的职业敏锐，派生了《全民阅读参考读本》的选题，由徐雁教授和我联袂主编。在《全民阅读参考读本》第八篇里，我们又专门设置了"数字阅读"的内容，希望能帮助读者"在数字阅读的海洋中拥有自己的舟楫，驶向知识的彼岸"……

本书作为"书香中国·全民阅读推广丛书"之一，是在《全民阅读推广手册》和《全民阅读参考读本》出版六年之后，对有关数字阅读的内容进行进一步的梳理。全书主要围绕数字阅读与数字资源开展，揭示各种数字阅读资源，帮助阅读者乐享数字阅读的便利，力图打造成一本融理论与实用为一体的数字阅读范本，让读者在认识和了解各类数字资源的同时，更好地进行知识发散，学习更多的关联知识，能够根据书中所提供的各类资源解决实际生活与工作中的各类问题，培养良好的数字阅读素养与数字阅读技能。

在数字化时代，无边无际的网络就像是浩瀚的信息海洋，每一个人在网海中都可以找到自己需要的东西，从这个意义上来说，网络似乎是无所不能的，网络让一切便捷起来。互联网的发展，为阅读带来了巨大的便利，大量的数字阅读通过网络来获取，尤其是目前流行的手机阅读、微信阅读等，林林总总的信息，如洪流一般滚滚而来，当人们需要查检某一方面的知识的时候，不再仅仅局限于书、报刊，而往往是打开电脑、手机或电子阅读器，利用网络或通过阅读数字资源来解决问题。数字阅读最有利的地方，就是信息和知识的可获得性大大提高，以往找遍很多文献都不能解决的问题，通过数字阅读变得易如反掌。

数字阅读有助于更好地获得所需要的信息，这种便捷在一定程度上改变了人们的阅读习惯。有的人认为数字阅读的信息没有储存在大脑中，而且由于经常进行多任务切换，会渐渐丧失深度阅读的能力。其实不然，人们喜欢数字阅读，主要是追求方便快捷，快速地满足获取信息的需求，这是很正常的，并不会改变人们的思考能力。"阅读是一种从印的或写的语言符号中取得意义的心理过程。"（《中国大百科全书〈教育卷〉》）读者在获取信息的过程中，自然会有理解与体悟，这个过程，思考是伴随其中的，只要有阅读就一定会有思考。在数字阅读中，阅读并没有减少，反而会有一定程度的增加，人们的思考能力也不会减少，反而会得到增强。

数字阅读最大的特点就是数据更新快、增长快，最大的弊端就是信息有时太纷繁、太芜杂，需要阅读者具有一定的信息素养，进行适当的选择、鉴别或加工，才能更好地获取自己所需要的信息。本书尽量为读者提供最新、最好用的数字资源，帮助读者提升在爆炸式增长的信息资源中获取资源的能力。但是由于网络在不断地发展变化，各类数字资源日新月异，存在着很大的不确定性，有许多好东西不知道哪一天就会消失了，或者不能使用了，或者被其他的资源或类型所替代。也许当读者阅读本书时，书中的某些网站就已经无法打开，或者有些新涌现出来的优秀的网站是本书未能及时收录的，这也是本书无法避免的遗憾。愿读者通过阅读此书能够获得数字阅读的相关知识，了解数字阅读的结构与框架，具备数字阅读的基本技能，这样，不管资源如何变化，相信读者都能通过网络查找到合适的可用的数字资源。

最后，感谢深圳出版发行集团总经理尹昌龙先生、海天出版社副总编辑于志斌先生，正是由于他们的积极推动，海天出版社出版了《全民阅读推广手册》、《全民阅读参考读本》、"书香中国·全民阅读推广丛书"等阅读领域的系列图书，为华夏大地的全民阅读推广事业助力良多。感谢连朝曦、张婷、陈凤娟三位合作者，在她们的共同协助下，全书的内容得以顺利完成。感谢责任编辑孙艳和曾韬荔，在编辑本书的过程中，她们一丝不苟的编辑作风和力求完美的敬业精神，让人无比感动。

陈亮

2017 年 1 月 15 日，于南京长江大桥北侧寓所